Bundesgefängnis von Victorville, Kalifornien
26. Juni 2007

Vielen Dank für die Geburtstagsgrüße! Mir gefällt die Karte. Ein Geburtstag im Gefängnis ist nicht gerade lustig. Aber meiner ist immer etwas Besonderes. Dank der Unterstützung und Ermutigung von Freunden wie Euch, und ich bin sehr dankbar dafür.
Ich habe auch Euren Brief vom 9. Juni erhalten. Ich freue mich über die Idee, einen meiner Cartoons für das Titelblatt des Buches oder der Broschüre zu verwenden. Aber ich stehe augenblicklich wirklich unter Zeitdruck. Nicht nur wegen der vielen Briefe (allein gestern 119!), sondern auch weil ich für den 13. August (da hat jemand Geburtstag...) einen Cartoon entwerfen soll. Und wegen der Verspätungen bei meiner Post, muss ich es sofort machen. Es tut mir leid, dass ich jetzt nichts Neues anfangen kann. Nichtsdestotrotz, in Bezug auf den Inhalt des Buches glaube ich nicht, dass mir etwas Passenderes einfallen würde als der »Grenzcartoon«. Ich bin sicher, dass Ihr Euch daran erinnert, aber für alle Fälle lege ich eine Kopie bei. Wenn Heinz Langer ihn [den Cartoon] benutzen will, könnte Euch Alicia eine gute Kopie schicken, die sie vom Original scannen könnte. Wenn nicht, macht Euch keine Sorgen, ich bin sicher, irgendjemand anderes wird ein großartiges Titelblatt machen. Ich hoffe, dass ihr versteht, dass für mich länger dauern würde, eine gute (oder angemessene) Idee zu haben und umzusetzen, weil ich kein Berufsgrafiker bin.
Ich hoffe, dass es Euch gut geht und schicke Euch die Grüße der Fünf. Ich will diesen Brief jetzt sofort aufgeben. Danke für all' Eure Mühen!

Eine große Umarmung

gez. Gerardo

Die USA und der Terror

Der Fall der »Cuban Five«

Solidaritätskomitee ¡Basta Ya! (Hrsg.)

ISBN 978-3-939828-16-7

© 2007 Komitee zur Befreiung der Fünf Kubaner
beim Netzwerk Cuba e.V. – ¡ Basta Ya !
© 2007 für diese Ausgabe: Verlag Wiljo Heinen,
Böklund, www.verlag-wh.de

Alle Rechte vorbehalten.

Autoren:
Josie Michel-Brüning, Dirk Brüning, Klaus Eichner,
Heinz Langer

Umschlaggestaltung unter Verwendung einer
Zeichnung von Gerardo Hernández Nordelo.

Umschlag und Typographie: Wiljo Heinen

Druck und Weiterverarbeitung:
UAB »Spaudos projektai«, Litauen

Gesetzt aus der Utopia.

Zweite, durchgesehene und korrigierte Auflage.

Inhalt

Die USA und der Terror 6
  Der Fall der »Cuban Five« 8

Das Gerichtsurteil 16

Der Prozess 17
  Das falsche Spiel des FBI 17 · Massive Erpressungen der Staatsanwaltschaft 19 · Gerichtsort verstößt gegen Menschenrechte und Gesetze der USA 22 · Das Gerichtsverfahren 23

Haftbedingungen 27
  Isolationshaft ist Folter 27 · Kontaktverbot für Angehörige 30

Der Kampf um ein Berufungsverfahren 32
  Erste Etappe des Berufungsverfahrens: Anhörung in Miami 33 · Mumia Abu Jamal, Angela Davis, die »Chicago Eight« und die fünf Kubaner 34 · Erster Erfolg der Verteidigung: Urteil des Drei-Richter-Gremiums aus Atlanta 37 · Rückschlag und weiterer Kampf 41

Das Wespennetz
Warum Kuba Aufklärer nach Miami schickte 43
  Das Streben der USA nach Besitz Kubas ist tief und hat historische Wurzeln 43 · Der jahrzehntelange USA-Terror 46 · Wer sind die »Cuban Five«? – Lebensläufe 50 · Ein Brief von René 54

Internationale Solidarität 58
  »¡Basta Ya!« mit Starthilfe aus Belgien 61 · Durchbrechung der Informationsblockade 62 · Weitere Ergebnisse der Öffentlichkeitsarbeit 66 · Bemühungen um das Bekanntwerden der Rechtsverstöße seitens der US-Regierung innerhalb des europäischen Parlaments 68 · Eine der Begegnungen mit Familienangehörigen 70

Anhang 72
  Die »Brüder zur Rettung« 72 · Luis Posada Carriles – CIA-Agent und bekennender Terrorist 75 · Exilkubanische Terrororganisationen 79 · Bibliographie 94

Die USA und der Terror

Unmittelbar mit dem Sieg der kubanischen Revolution am 1. Januar 1959 kamen die aktivsten Vertreter des Terrorregimes von Fulgencio Batista in die USA und wurden dort mit offenen Armen empfangen. In sieben Jahren der Herrschaft von Batista mussten über 20.000 Kubanerinnen und Kubaner ihr Leben lassen – und ihre Mörder wurden in Miami freudig aufgenommen, durften dort ihre Netzwerke aufbauen – mit Unterstützung und unter dem Schutz der amerikanischen Regierung und ihrer Geheimdienste. Die CIA nahm die Mehrzahl dieser Mörder und Folterknechte unter Vertrag und gewährte ihnen Ausbildung und Ausrüstung für ihre aggressiven Akte gegen die kubanische Revolution.

Aber Präsident George W. Bush hat jedem Staat, jeder Organisation und jeder Einzelperson den unerbittlichen Kampf angesagt, die auch nur einem Terroristen Unterschlupf gewähren!

Die fünf in den USA zu extremen Haftstrafen verurteilten Kubaner haben genau das gemacht, was George W. Bush von der ganzen Welt gefordert hat – zur Aufklärung und Bekämpfung des internationalen Terrorismus beizutragen.

Aber gerade am Fall der fünf kubanischen Patrioten ist zu erkennen, wie eminent politisch und doppeldeutig dieses Thema ist. Für die USA gibt es eine von ihnen immer wieder neu definierte »Achse des Bösen« – und es gibt »gute Terroristen«, die auf den Straßen von Florida spazieren gehen, sich ihrer Gewalttaten in den Medien rühmen dürfen und nicht zuletzt von Polizei, FBI und Justiz geschützt werden. Mehr noch, sie sind wie Monster, die von der CIA seit Jahrzehnten aus den Kreisen der Exilkubaner und anderer Söldner ausgewählt, ausgebildet und ausgerüstet werden, um das kubanische Volk zu terrorisieren. Solche Anschläge kosteten bis 1999 3478 Kubaner das Leben und 2099 erlitten schwere Verletzungen, die zu lebenslangen Beeinträchtigungen führten. Von den riesigen materiellen Schäden für die kubanische Wirtschaft (z.B. durch chemische und biologische Waffen, durch Brandlegungen und Bombenanschläge etc.) und auch für einzelne Familien gar nicht zu reden.

Welch eine Heuchelei, von der ganzen Welt uneingeschränkte Solidarität im Kampf gegen terroristische Anschläge, Trauer um die Opfer der Angriffe auf das WTC zu fordern – und andererseits seit über 40 Jahren einen fortgesetzten Terrorkrieg gegen das kubanische Volk zu führen bzw. zu unterstützen.

Neben anderen Maßnahmen zur Abwehr der ständigen Terrorangriffe hatte die kubanische Führung beschlossen, eine Gruppe von Aufklärern vor Ort einzusetzen, um Kuba rechtzeitig vor geplanten Terroranschlägen warnen zu können und auch Anzeichen für die Vorbereitung einer möglichen militärischen Intervention gegen die Republik Kuba zu erfassen.

Diese Aufklärer wurden 1998 vom FBI ermittelt und im Dezember 2001 zu extrem hohen und unverhältnismäßigen Haftstrafen verurteilt.

Ihr Fall ist inzwischen weltweit unter dem Begriff »Miami Five« bzw. »Cuban Five« bekannt.

Das Solidaritätskomitee !Basta Ya! (sinngemäß: Jetzt reicht es!), gegründet im Dezember 2002 in Köln, wirbt seit dieser Zeit für die Unterstützung des weltweiten Kampfes um die Freilassung der fünf kubanischen Patrioten.

Zur Information der Öffentlichkeit und mit dem Aufruf zu aktiver Solidarität haben Mitglieder dieses Solidaritätskomitees die vorliegende Dokumentation erarbeitet.

Autoren dieser Dokumentation sind:
Josie Michel-Brüning und **Dirk Brüning**, Betreuer der Website www.miami5.de;
Heinz Langer, langjähriger Botschafter der DDR in der Republik Kuba;
Klaus Eichner, Vertreter der »Gesellschaft zum Schutz von Bürgerrecht und Menschenwürde e.V. (GBM)« im Solidaritätskomitee.

Der Fall der »Cuban Five« · Ein Interview der BBC vom 2. Juli 2007 mit Gerardo Hernández, einem der fünf Gefangenen, beschreibt eindrucksvoll die gegenwärtige Situation:

Claire Bolderson: *Hr. Hernández, ich weiß, dass es sehr viel Sorge darüber gab, wie Sie im Gefängnis behandelt wurden und während ihrer Einzelhaft. Können Sie mir beschreiben, wie Sie derzeit behandelt werden, welche Haftbedingungen Sie haben?*

Gerardo Hernández: Nun, ich bin ein normaler Häftling in einer Strafanstalt der USA, und ich würde sagen, dass der schlechteste Teil meiner Behandlung nicht mit meiner Gefängniszeit, sondern mit der USA-Regierung zusammenhängt. Ich würde sagen, dass die schlechteste Angelegenheit meiner Gefängniszeit darin besteht, dass ich während der vergangenen 10 Jahre keine Möglichkeit hatte, meine Ehefrau zu sehen, weil die USA-Regierung ihr kein Visum erteilt, um mich zu besuchen. Das ist einer der Punkte, und ich würde sagen, dass der Rest, ... wissen Sie, ... das ist eine Gefangenschaft, und ich bin ein Häftling wie jeder andere, und es ist nicht leicht, ein Häftling zu sein, aber ich komme klar.

CB: *Also, Sie sagen, dass sie überhaupt keine Besuche von Familienangehörigen hatten?*

GH: Nun, kürzlich habe ich einige Familienmitglieder empfangen, meine Mutter und meine Schwester konnten kommen, aber im Falle meiner Frau, meiner Ehefrau seit 19 Jahren, sie konnte nicht kommen um mich zu besuchen, weil ihr ständig ein Einreisevisum verwehrt wird. Deshalb konnte ich sie in den letzten 10 Jahren nicht sehen.

CB: *Sie wurden aus verschiedenen Gründen verurteilt, einer davon wegen des Versuches, Militärgeheimnisse der USA zu erhalten, indem Sie versuchten, sich in eine militärische Einrichtung einzuschleichen, und wegen der Tätigkeit als nicht registrierter Agent für eine ausländische Regierung. Können Sie uns erklären, was Sie in erster Linie in Florida taten?*

GH: Nun, in erster Linie habe ich Informationen zu den terroristischen Gruppen gesammelt, die gewöhnlich in Florida operierten. Das sind Personen, denen es gelang in paramilitärischen Organisationen Trainingseinrichtungen zu erhalten, und die nach Kuba gehen, um Sabotageakte zu begehen, Bomben zu legen und alle Arten von Aggressionen durchzuführen. Diese Personen genießen Straffreiheit. In einem bestimmten Moment hat also Kuba entschieden, einige Personen zu schicken, um Informationen über diese Gruppen zu sammeln und nach Kuba zu übermitteln, um den Aktionen vorzubeugen. Im Jahre 1998 hat Kuba dem FBI einige Informationen bezüglich dieser Gruppen übergeben, und erwartet, dass das FBI etwas gegen diese unternehme. Leider haben sie nur die Personen festgenommen, welche die Informationen gesammelt hatten. Zum »militärischen Teil«: Ich wurde der Verschwörung angeklagt, Spionage begehen zu wollen – weil es keine tatsächliche Spionage gegeben hatte. In unserem Verfahren, das sieben Monate dauerte, waren drei oder vier frühere Generale der US-Army, die bezeugten, dass in diesem Fall keine Verbindung mit Spionage besteht. Aber das Gerichtsverfahren fand in Miami statt, und wir konnten kein gerechtes Urteil bekommen. Wir wurden für schuldig erklärt, aber ich wiederhole, es war wegen »Verschwörung« – weil die Regierung sagte: »Moment mal! Gut – sie haben keine Spionage begangen, aber sie hätten es irgendwann versucht«. Man kann sagen, darin besteht die Verschwörung, Spionage zu begehen. Aber keinerlei Geheiminformation, Nichts, was die nationale Sicherheit der USA betroffen hätte, wurde gesammelt oder übermittelt.

CB: *Aber Sie geben zu, dass Sie als ein Agent für eine ausländische Regierung gearbeitet haben und in einer Ihrer Verteidigungsreden haben Sie gesagt, dass Sie mit gefälschten Dokumenten, falschen Ausweisen gearbeitet haben?*

GH: Ja, das gebe ich zu, ja.

CB: *Aber das ist ein ziemlich ernste Sache, das getan zu haben, oder nicht?*

GH: Ja, das ist es, aber es gibt etwas, was sich »Schutz aus Not« nennt. Das heißt, um eine Missetat zu verhindern, um Verbrechen zu verhindern, kann man gegen das Gesetz verstoßen. Ich möchte das sagen, damit Sie das verstehen – in meinem Fall: Ja, ich habe das Personaldokument gefälscht, ich habe für eine ausländische Regierung gearbeitet, aber nicht, um den Interessen der USA zu schaden, sondern um das kubanische Volk vor Terrorismus zu schützen.

CB: *Und die Verbrechen, die Sie zu verhindern versuchten, welche Verbrechen waren es genau?*

GH: Nun, zum Beispiel: 1997 explodierte eine Bombe in einem kubanischen Hotel und tötete Fabio Di Celmo, einen italienischen Touristen. Und 1976 explodierte, wie Sie wissen, eine Bombe in einem kubanischen Flugzeug, und dreiundsiebzig Menschen wurden ermordet. Das sind nur zwei Beispiele terroristischer Angriffe gegen Kuba. Jede beliebige Person, die in Miami lebt, die Fernsehen sieht oder lokale Rundfunksender hört weiß, was die Commandos F-4 sind, und weiß was Alpha 66 bedeutet, und weiß auch, was die »Brüder für die Rettung« sind.

CB: *Können Sie mir erklären, was diese Namen bedeuten?*
GH: Ja, das sind diejenigen, die sich gewöhnlich paramilitärische Gruppen nennen. Ich nenne sie terroristische Gruppen. Einige der von mir erwähnten Gruppen haben Trainingscamps in den Everglades, kleiden sich in Tarnanzüge, haben Waffen und trainieren für den Tag, an dem sie daran gehen würden »Kuba zu befreien«, und diese fuhren gewöhnlich in Booten nach Kuba, feuerten auf Gebäude, versuchten interne Sabotageakte zu organisieren und alle möglichen Arten von Aktivitäten. Dies sind allgemein bekannte Informationen, die Sie in den Zeitungen Miamis überprüfen können. Sie können lesen, dass sie in ein Boot stiegen, nach Kuba fuhren, dort einige Schüsse abgaben und bei ihrer Rückkehr als Helden gefeiert wurden und sie... Wir haben zum Beispiel in unserem Prozesss verschiedene Beweise dafür vorgelegt, wir haben Aussagen der Küstenwache und des FBI zitiert und haben Beweise für die Straffreiheit geliefert, die diese Personen hier genießen. Wir haben zum Beispiel einen Beamten der Küstenwache gefragt: »Ist es wahr, dass Sie an diesem Tag eine Gruppe gestoppt haben, die sich in Richtung nach Kuba befand und Waffen und Sprengstoff mit sich führte?« »Ja, es ist wahr.« »Ist es wahr, dass Sie ihnen nur die Waffen abgenommen und die Männer freigelassen haben?« »Ja.« »Warum?« »Nun, weil sie uns sagten, dass sie Hummer fischen wollten.« So etwas spielte sich während unserer Gerichtsverhandlung ab. Und das ist kein Einzelfall. Es gibt eine lange Liste von terroristischen Angriffen gegen unser Land. Also – das kubanische Volk hat das Recht, sich gegen Terrorakte zu verteidigen. Wir hoffen, dass die USA-Regierung irgendetwas unternimmt, denn sie sagen, dass sie einen Krieg gegen Terrorismus führen. Aber wie kann es dann sein, dass sie diesen Terroristen erlauben, uneingeschränkt in Miami zu operieren? Kürzlich, vor nur einem Monat, wurde der Mann, der die Explosion eines kubanischen Flugzeuges

organisierte, bei der dreiundsiebzig Menschen getötet wurden, freigelassen und lebt jetzt frei in Miami.

CB: *Es gibt eine sehr umstrittene Beschuldigung, weswegen Sie verurteilt wurden und sie ist Grund für Ihre so lange Haftstrafe: der Abschuss von zwei Zivilflugzeugen der USA im Jahre 1996 durch die kubanische Seite. Haben Sie in Verbindung mit diesen Ereignissen eine Rolle gespielt?*

GH: Nein, absolut keine! Aber Sie müssen verstehen, was tatsächlich geschah: Die Person, die diese Flugzeuge befehligte, heißt José Basulto. Er war in den 60er Jahren Agent der CIA, und drang nach Kuba ein, um Sabotage zu begehen. 1962 fuhr er mit einem Boot von Florida aus nach Kuba, und beschoss mit einem Geschütz ein kubanisches Hotel, kehrte nach Miami zurück und wurde dort wie ein Held empfangen. Er hatte bereits eine lange terroristische Geschichte gegen Kuba. Eines Tages in seinem Leben sagte er:»Es reicht, jetzt werde ich eine humanitäre Mission durchführen, ich will ein kleines Flugzeug nehmen und ohne Genehmigung nach Kuba fliegen um dort Propagandaflugblätter abzuwerfen«, das tat er etwa 16 Mal. Kuba hat 16 diplomatische Noten an die USA übermittelt, die ebenfalls in dem Gerichtsverfahren vorlagen. In ihnen wurden Beschwerden gegen die USA formuliert, indem gesagt wurde:»Diese Leute verletzen die internationalen Bestimmungen, die Gesetze der USA und die Gesetze Kubas.« Kuba betonte stets:»Tun sie das nicht weiter, sie gefährden unseren eigenen Flugverkehr, unsere Bevölkerung, alles.«

CB: *Das mag ein Fehler gewesen sein und ich bin mir sicher, dass es viel diplomatische Auseinandersetzungen darüber gegeben hat, aber das, was mich interessiert ist, was Sie in Verbindung mit diesen Vorkommnissen taten.*

GH: Nichts. Ich befand mich in Miami und das Flugzeug wurde über kubanischem Territorialgewässer abgeschossen, in großer Entfernung von meinem Aufenthaltort.

CB: *Sie haben also keine Information weitergeleitet, die der kubanischen Regierung beim Abschuss der Flugzeuge geholfen hätte?*

GH: Nein, natürlich nicht. Wenn Sie die Informationen aus jenen Tagen überprüfen, werden Sie sehen, dass José Basulto weit vor seinem Flug diesen angekündigt hat. Er sagte: »Wir gehen am 24. Februar dort hin.« Jeder wusste das. Wir haben in unserem Prozess ein Memorandum einer Luftfahrtbehörde der USA-Regierung vorgelegt, in der ihren Leuten folgendes gesagt wurde: »Wir sind beunruhigt darüber, was am 24. Februar geschehen wird. Etwas wird passieren, weil Kuba schon erklärt hatte, dass sie abgeschossen werden, wenn sie es nochmals tun, es wäre also besser, dass wir auf solche Situation vorbereitet wären.« Das war in diesem Memorandum geschrieben. Jeder erwartete, dass etwas geschehen würde. Dazu kommt, dass Richard Nuccio, Exberater von Präsident Clinton, der während unseres Prozesses anwesend war, sagte: »Ja, diese Organisation war außer Kontrolle.« Es gibt zu diesem Thema einen heftigen Disput. Kuba sagte, dass sie die Flugzeuge über den Territorialgewässern Kubas abgeschossen haben. Die USA sagten, ein Flugzeug war über kubanischen Territorialgewässern, aber die anderen, die abgeschossen wurden, waren auf dem Flug dorthin, befanden sich aber noch über internationalen Gewässern. Und die Regierung beschuldigte mich der Verschwörung, und sagte mir, das sei deshalb, weil ich wusste, dass das Flugzeug über internationalen Gewässern abgeschossen werden würde. Das hatte keinerlei Sinn, es war Schwachsinn. Aber sie mussten jemandem die Schuld geben und sie wählten mich.

CB: *Sie haben in Kürze ein Berufungsverfahren. Was ist die Basis Ihrer Appellation?*

GH: Nun, wir haben verschiedene Punkte in unserer Appellation. Der Hauptpunkt ist, was wir wirklich wollen, und was unglücklicherweise abgelehnt worden ist, bezieht sich auf den Ort des Verfahrens. Wie vertreten die Auffassung, dass das Verfahren in Miami nicht fair war. Unser Prozess dauerte fast sieben Monate und es gab über 100 Zeugenaussagen und die Geschworenen verhandelten nur wenige Stunden, sie stellten nicht eine einzige Frage. Sie haben uns einfach in jedem Anklagepunkt für schuldig erklärt. Und die Richterin verhängte in jedem Punkt der Anklage das höchstmögliche Strafmaß.

CB: *Und Sie sagen, dass es wegen des Einflusses der kubanischen Exilgemeinde in Florida ist?*

GH: Ja, selbstverständlich. Während des Gerichtsverfahrens ereigneten sich viele Ungereimtheiten. Es gab Personen, die die Geschworenen filmten, und die Presse verfolgte die Geschworenen und ihre Autos, und es gab Tumulte im Gericht und Proteste vor dem Gerichtsgebäude, alle Arten von Beeinflussung. Auch die Presse war wirklich feindlich gegen uns.

CB: *Sie meinen also, dass die Geschworenen eingeschüchtert worden sind, oder manipuliert wurden, war es so ernst?*

GH: Ich denke, dass die Geschworenen eingeschüchtert wurden. Jede beliebige Person, die in Miami wohnt oder die Verhältnisse dort kennt weiß, dass nichts, was mit Kuba zusammenhängt, in Miami normal ist. Jetzt gerade wurde ein Buch aus dem Verkauf in Miami und aus den Schulen zurückgenommen, nur weil auf dem Umschlag einige kubanische Kinder lachend und mit einer glücklichen Miene abgebildet sind, Es ist ein Kinderbuch mit dem Titel: »Gehen wir nach Kuba.« Sie entfernten das Buch einfach, weil es in dem Buch einen Satz gibt, der in etwa lautet: »Die kubanischen Kinder lernen und leben so wie Du«, nur deshalb. Jeder, der die Geschichte Miamis kennt weiß, dass Menschen umgebracht worden sind, nur weil sie bessere Beziehungen mit Kuba wollten. Ich kann Ihnen sagen, dass in der Redaktion der Zeitschrift »Replika« sieben Mal Bomben gelegt wurden, weil sie sich für bessere Beziehungen mit Kuba einsetzte. Sie müssen dort leben, um das zu verstehen. Die meisten Amerikaner haben keine Vorstellung dessen, was sich in Miami abspielt. Es ist wie ein anderes Land.

CB: *Der kubanische Führer Fidel Castro zeigte in der Vergangenheit großes Interesse an Ihrem Fall und hat zu Ihren Gunsten gesprochen. Haben Sie direkt etwas von ihm gehört?*

GH: Nun, ich hatte Gelegenheit, direkt mit ihm per Telefon zu sprechen, am Tage seines Geburtstages vor zwei Jahren. Es war für mich etwas unerwartet. Ich rief an jenem Tag einfach meine Ehefrau an, da mein Freund Rene Gonzalez ebenfalls Geburtstag hat. Meine Familie war mit ihm [Castro] zusammen – als ich das schließlich mitbekam sagte ich zu meiner Frau: »Übermittle ihm auch Glückwünsche von mir«, und er sagte darauf, »warte einen Moment, ich möchte, dass er mir das selbst sagt«. Dann hatte ich die Gelegenheit, mit ihm einige Minuten zu sprechen, was für mich natürlich ein großes Erlebnis war.

CB: *Und was sagte er?*

GH: Er sagte, dass er darauf vertraut, dass die Gerechtigkeit die Oberhand behält, weil er immer darauf vertraute, wenn das amerikanische Volk entdeckt, was sich in unserem Fall abgespielt hat, wenn das amerikanische Volk die Wahrheit über unsere Angelegenheit erfährt, wird die Gerechtigkeit siegen... Alle sind davon überzeugt.

Das Gerichtsurteil

Am 8. Juni 2001 erklärten die Geschworenen die Fünf in allen 26 Anklagepunkten für schuldig, obwohl seitens der Staatsanwaltschaft die Anklage auf »Verschwörung zum Mord« bereits fallen gelassen worden war. Allerdings hatte die Staatsanwaltschaft die Jury mehrfach darauf hingewiesen, dass ein Schuldspruch gerechtfertigt sei, wenn sie (trotz fehlender Beweise, A. d. A.) »glaubten«, dass die Fünf in die USA gekommen seien, um die Vereinigten Staaten zu schädigen. Da die Anklagen auf »Verschwörung zur Spionage« und »Verschwörung zum Mord« lauteten, brauchten Beweise für tatsächliche Handlungen nicht vorzuliegen. (Wer vermutet, dass der bundesdeutsche Innenminister (!) Schäuble darum in einem Interview mit dem SPIEGEL im Juli 2007 forderte, auch hierzulande »Verschwörung« unter Strafe zu stellen, denkt bestimmt nicht in die falsche Richtung.)

Im Dezember 2001 verhängte das Distriktgericht Florida-Süd in Miami folgende Urteile:
Gerardo Hernandez wurde zur zweifachen lebenslangen Freiheitsstrafe, zuzüglich 15 Jahren verurteilt;
Ramon Labanino zu lebenslänglich plus 18 Jahren;
Antonio Guerrero zu lebenslänglich und 10 Jahren;
Fernando Gonzales zu 19 Jahren und
Rene Gonzales zu 15 Jahren Freiheitsentzug.

Ihre sehr aufschlussreichen Verteidigungsreden beeindrucken durch ihre Würde, ihren Mut und Stolz. Sie wurden in viele Sprachen übersetzt und veröffentlicht.[1]

---

[1] Vgl. deutsche Ausgabe von Januar 2003: »*Mit Würde, Mut und Stolz*« im Spotless-Verlag, Berlin sowie im Internet http://www.miami5.de/loscinco.html

Der Prozess

Das falsche Spiel des FBI · Am 16. und 17. Juni 1998 fanden mehrere Treffen von Vertretern der kubanischen Regierung mit leitenden Angehörigen des FBI und anderen US-Regierungsvertretern in Havanna statt. Dabei wurden Informationen über die Terrorakte, die von den USA aus gegen Kuba durchgeführt wurden, übergeben. Die kubanische Seite händigte präzises Beweismaterial aus, u. a. Akten über 40 in Kuba geborene Terroristen, wovon die meisten in Miami leben und Angaben darüber, wie sie zu finden sind. Die US-Vertreter nahmen auch Muster der Sprengstoffsubstanz aus den Bomben mit, die jeweils im Melia Cohiba Hotel am 30. April 1997 und am 19. Oktober 1997 in einem Touristenbus entschärft worden waren, sowie den Sprengsatz, der am 4. März 1998 bei zwei guatemaltekischen Terroristen beschlagnahmt worden war. Das FBI erhielt Tonbandaufnahmen von 14 Telefongesprächen von Luis Posada Carriles, in denen er Informationen über Terroranschläge auf Kuba lieferte. Es wurden Informationen darüber zur Verfügung gestellt, wie Posada Carriles gefunden werden konnte.

Die FBI-Agenten lobten den Wert des Materials, versprachen, sofort Maßnahmen zu ergreifen und sich nach der Analyse der Unterlagen wieder zu melden. Dies ist nie geschehen – und die ergriffenen Maßnahmen waren andere, als zu erwarten gewesen wären.

Der neue FBI-Sonderagent von Miami, Héctor Pesquera, hatte alle Ermittlungen gegen die exilkubanische Mafia einstellen lassen. Pesquera beschäftigte sich nur noch mit der Fahndung nach »kubanischen Spionen«. Diese Fahndung war verbunden mit einem ganzen Komplex illegaler Aktivitäten. Es erfolgten umfangreiche Telefonüberwachungen, illegale Durchsuchungen von Wohnungen, verbunden mit Kopien von Festplatten der Computer und dem Einsatz von

Lauschtechnik, laufende Observationen verdächtiger Personen und ihres Umfeldes.

Am 12. September 1998 wurden 10 Mitglieder des »Red Avispa« (»Wespennetz«) in einer spektakulären Aktion unter Leitung von Héctor Pesquera verhaftet.

Tage nach der Verhaftung gab Héctor Pesquera während einer Pressekonferenz zum ersten Mal zu, dass die Verhaftungen den Widerspruch einiger Beamter hervorgerufen haben. Er fügte hinzu, dass dieser Fall »nie vor Gericht gekommen wäre«, wenn er nicht »direkt über Louis Freeh«, den damaligen Leiter des FBI, durchgesetzt worden wäre.

Kurz vor seiner Pensionierung im Dezember 2003 wiederholte Pesquera dies in einem Interview, das er dem Reporter Larry Lebowitz vom »Miami Herald« gab. „Ich musste Janet Reno [die damalige Justizministerin – A. d. A.] erst überzeugen. Andere im Justizministerium wollten nicht daran rühren«, erinnerte sich Pesquera. »Aber ich tat es, weil es richtig war. Oder zumindest, weil ich es zu der Zeit für richtig hielt« fügte er noch hinzu.[2]

Die exilkubanischen Medien in Florida jubelten, jetzt sei der seit Jahren größte Spionagering Kubas aufgedeckt worden, der die Sicherheit der Vereinigten Staaten gefährdet habe. Ein Dutzend kubanischer Agenten hätte versucht, die US-Militärstützpunkte in Südflorida zu infiltrieren und Zwietracht unter den Exilgruppen zu säen.

Laut Miami Herald vom 14. September 1998 habe der US-Staatsanwalt Thomas Scott auf einer überfüllten Pressekonferenz innerhalb des FBI-Hauptquartiers erklärt: »Dieser Spionagering wurde von der kubanischen Regierung geschickt, um unser nationales Sicherheitssystem, ja, unseren demokratischen Rechtsablauf mitten ins Herz zu treffen.« Weder die Ermittler noch die Staatsanwälte hätten jedoch darüber

---
2 Miami Herald, 30. Dezember 2003

sprechen wollen, wie es ihnen gelungen sei, die Agenten zu identifizieren, noch darüber, wozu Kuba die Informationen der angeblichen Geheimagenten nutzen wolle.[3]

Die zehn Verdächtigen, darunter auch zwei Frauen, wurden in das Hauptquartier des FBI gebracht und dort sechs Stunden lang ohne Rechtsbeistand verhört. Noch am selben Tag überführte man sie in das Bundeszentralgefängnis von Miami, wo sie 17 Tage lang in Isolationshaft gehalten wurden.

Massive Erpressungen der Staatsanwaltschaft · In der deutschen Ausgabe von Granma Internacional vom August 2001 schrieb Felix Lopez: »Von den zehn verhafteten Personen übten fünf Hauptfunktionen aus, die anderen fünf waren Mitarbeiter und Freunde, die dem entsetzlichen Druck und den Drohungen nicht gewachsen waren, die auf alle zehn von Beginn ihrer Verhaftung an ausgeübt wurden.

Vier von ihnen: Nilo und Linda Hernández, Joseph Santos und Amarilis Silverio, zwei Ehepaare mit jeweils einem Kind – das erste Ehepaar mit einem 12-jährigen Sohn, das zweite mit einer fünfjährigen Tochter – drohte man mit einer langen, ja sogar lebenslänglichen Gefängnishaft und mit dem Verlust des Sorgerechts über ihre Kinder, wenn sie sich nicht mit der Staatsanwaltschaft einigten. Beide Ehepaare wurden wie die übrigen Gefangenen in strengster Einzelhaft gehalten.

Nilo und Linda Hernández suchten in ihrer Verzweiflung Hilfe bei privaten Anwälten, die ihnen rieten, sich mit der Staatsanwaltschaft zu einigen. Die Pflichtverteidiger rieten auch dem Ehepaar Joseph Santos und Amarilis Silverio, mit der Staatsanwaltschaft eine Einigung anzustreben. Dasselbe taten sie auch mit dem fünften Mitarbeiter. Daraufhin wurde

---
3 Vgl. Homepage des Miami Herald vom 14. September 1998

das Verfahren gegen diese fünf Beschuldigten abgetrennt, und sie erhielten die versprochene symbolische Mindeststrafe.«

Ein Artikel in Miami Herald vom 15.09.1998 bestätigt die diesbezüglichen Angaben der Granma:

»[...] Die Regierung versucht anscheinend gerade, die angeblichen Spione davon zu überzeugen, mit den Ermittlern zu kooperieren. Der Anwalt Richard Diaz aus Miami, der gemeinsam mit seinem Assistenten Vincent [das Ehepaar] Farina Nilo und Linda Hernandez vertritt, sagte, Agenten [des FBI] hätten seine Klienten nach deren Verhaftung am vergangenen Samstag dazu aufgefordert, mit ihnen zu kooperieren. ... Ich bin mir sicher, dass sie in diesem Fall versuchen werden, einen, wenn nicht mehrere, umzudrehen« fügte Diaz hinzu.[4]

Joseph Santos trat im Gerichtsverfahren gegen die Fünf als Zeuge der Anklage auf.

The Miami Herald berichtete am 6. Januar 2001 unter dem Titel, »Früherer kubanischer Spion sagt vor Gericht gegen seine Ex-Verbündeten aus – Mann liefert die Techniken der Agenten, die Bemühungen, das Südkommando der US-Streitkräfte zu infiltrieren«, folgendes:

»Unter Vermeidung von Blickkontakt mit seinem früheren Verbündeten lieferte ein als solcher anerkannter früherer Agent des kubanischen Geheimdienstes den Geschworenen am Freitag einen Schnellkurs in Spionage.«

Am 9. Januar schreibt derselbe Autor unter dem Titel, »Inhaftierter Spion identifiziert seine ›Auftraggeber‹«, wie ihn auch Ramón Labañino und Fernando González dazu angehalten hätten, im Südkommando zu spionieren. Allerdings habe er darin »versagt«, weil er und seine Frau viel zu sehr

---

4 Vgl.: Miami Herald, 15.09.1998, MANNY GARCIA, CAROL ROSENBERG und CYNTHIA CORZO (unter Mitwirkung von David Lyons), „No critical secrets lost, FBI says« [Keine Verluste von Geheimdienstinformationen, sagt das FBI]

damit beschäftigt gewesen seien, ein legales Leben zu führen und reguläre Arbeit zu finden.

Im Kreuzverhör von Verteidiger Paul McKenna, sei festgestellt worden, dass Santos nach den Richtlinien des Strafgesetzbuches 60 Monate verbüßen müsse, er habe aber nur 48 Monate bekommen.[5]

Da das FBI laut Miami Herald vom 15.September 1998 schon festgestellt hatte, dass »keine Geheiminformationen« bei den Agenten gefunden worden seien, musste sich die Anklage auf eine zumindest belegbare »Absicht«, Spionage begehen zu wollen, berufen. Die hatte ihnen Joseph Santos offensichtlich geliefert.

Obwohl René, Gerardo, Ramón, Fernando und Antonio einer brutalen und schonungslosen Behandlung ausgesetzt waren, konnte nichts ihre Standhaftigkeit erschüttern. Sie wiesen alle Beschuldigungen zurück. Damit setzten sie sich in den drei Jahren Untersuchungshaft der Last der Hasskampagne, Feindseligkeit und Verleumdungen aus, die gegen sie und ihre Familien und Kinder entfesselt wurden.

Die Staatsanwaltschaft und das FBI konnten drei von ihnen in der ganzen Zeit nicht identifizieren, sie weigerten sich, auch nur die geringsten Angaben zu ihrer Person zu machen, bis zwei Jahre und drei Monate danach das Verfahren begann und der Augenblick gekommen war, sich würdig und mutig vor Gericht zu erkennen zu geben.

Am 29.9.1998 wurden die weder »geständigen« noch »kooperationsbereiten« Fünf in ein Spezialgefängnis von Miami überführt und dort in einem speziellen Hochsicherheitstrakt inhaftiert, der dort nur »das Loch« (»the hole« bzw. »el hueco«) genannt wird.

---

5 die beiden Originaltitel in Miami Herald lauten: 1. January 6, 2001, »*Former Cuban spy against ex-allies on trial – Man gives agents' techniques, efforts to infiltrate Pentagon's Southern office*« und 2. January 9, 2001, »*Jailed Cuban spy identifies his ›handlers‹ He said both directed him to get a job at the Southern Command's Miami headquarters*«. Beide Artikel schrieb Gail Epstein NIEVES.

Solche Strafmaßnahmen werden in den USA normalerweise nur bei Gefangenen angewendet, die innerhalb des Gefängnisses gewalttätig wurden und dürfen nicht länger als 60 Tage andauern. Innerhalb ihrer Zellen sind sie von allen Kommunikationsmitteln isoliert, sie dürfen ihre Zellen nur in Handschellen (Hände auf dem Rücken) und in Begleitung von zwei Wachmännern verlassen. Insgesamt sollten diese Haftbedingungen für sie nicht »nur« zwei Monate, sondern insgesamt 17 Monate lang anhalten.

Gerichtsort verstößt gegen Menschenrechte und Gesetze der USA · Die Pflichtverteidiger der Fünf merken bald, dass diese Männer nicht im Sinne der Anklage schuldig sein konnten, dass sie aber mit deren Verteidigung vor Gericht in Miami-Dade einen schweren Stand haben würden und bemühten sich vor der Prozessaufnahme darum, die Gerichtsverhandlung an einem anderen Ort als Miami stattfinden zu lassen.

Als Begründung führten sie an, dass der Gerichtsort Miami-Dade, der überwiegend von Exilkubanern dominiert wird, keine faire Verhandlung für die Fünf gewährleisten könne.

Um ortsgebundene Voreingenommenheiten gegenüber Angeklagten zu vermeiden, können nach US-amerikanischem Recht deren Verteidiger die Verlegung der Gerichtsverhandlung an einen anderen Ort beantragen. Solchen Anträgen wurde schon früher bei entsprechenden Gelegenheiten stattgegeben.

Die Verteidiger der Fünf beantragten aufgrund dieser Gegebenheiten eine Meinungsumfrage innerhalb der Bevölkerung von Miami Dade County, der zunächst auch von der Richterin Joan Lenard stattgegeben wurde. Die Umfrage des Professors Gary Moran von der Universität Florida förderte zutage, dass die Mehrheit der Bevölkerung die

Angeklagten schon vor dem Prozess für schuldig hielt. Trotz dieses Ergebnisses wurde die Umfrage von der Richterin nicht berücksichtigt und der Antrag auf Ortsverlegung unter Angabe von fadenscheinigen Gründen abgelehnt.

Bei der Auswahl der 12 Geschworenen achtete man zwar darauf, keine kubanischstämmigen Bürger zu wählen, doch fanden die in Miami-Dade maßgeblichen Exilkubaner Mittel und Wege, die so gewählte Jury so einzuschüchtern, dass sie es nicht wagten, gegen die herrschende Meinung zu stimmen.

Wie sowohl Paul McKenna, der Anwalt von Gerardo Hernández, als auch der jetzige Verteidiger von Antonio Guerrero berichteten, konnte die Beeinflussung der Geschworenen nachgewiesen werden:

Auf den Stufen vor dem Gerichtsgebäude gaben die Familienangehörigen der Flugzeugabschussopfer Interviews, die ersten Reihen des Gerichtssaals waren als Platzreservierungen für sie ausgewiesen, im Beratungsraum der Geschworenen lag eine Zeitung aus, die Hetzkampagnen gegen die Angeklagten enthielt und einen Schuldspruch forderte, die Geschworenen wurden durch die ortsansässigen Medien unter Druck gesetzt, ihre Autos und deren Nummernschilder gefilmt.[6]

Das Gerichtsverfahren · Am 27. November 2000 begann das Bundesgerichtsverfahren gegen die fünf kubanischen Untersuchungsgefangenen unter dem Vorsitz der Richterin Joan Lenard. Die Fünf waren inzwischen 33 Monate lang zwischen Verhaftung und Verhandlung hingehalten worden.

---

6 Vgl.: Übersetzung von »An overview analysis of the trial«:
http://www.miami5.de/informationen/overview.pdf :
EINE ANALYSE ZUR GERICHTSVERHANDLUNG IM ÜBERBLICK von Leonard Weinglass, Dezember 2003
http://www.miami5.de/informationen/weinglass-dez-03.html

Trotz dieser extremen Bedingungen gelang es der Staatsanwaltschaft nicht, diese inhaftierten Männer so zu irritieren oder verzweifelt zu machen, dass der eine oder andere von ihnen im Austausch für das Versprechen auf Milde falsche Geständnisse abgelegt oder andere belastet hätte. Sie gingen lieber mit der Wahrheit zu ihrer Verteidigung vor Gericht, indem sie hohe US-Militärs im Ruhestand und in Miami ansässige Anführer von Verschwörungen zum Sturz der kubanischen Regierung in den Zeugenstand beriefen, um zu zeigen, dass ihr einziges Vergehen darin bestand, falsche Papiere benutzt zu haben (mit Ausnahme von Antonio Guerrero und René González), um ihr Land vor der Gewalt von in den USA ansässigen Organisationen beschützen zu helfen und die Möglichkeit eines militärischen Angriffs der Vereinigten Staaten beurteilen zu können. Die Anklagen wegen Spionage im Auftrag Kubas und wegen Beteiligung an Mord bei dem Abschuss zweier Flugzeuge über kubanischem Gewässer, als die schwerwiegendsten Anschuldigungen, lauteten nicht auf tatsächlich begangene Verbrechen, sondern auf Verschwörungen (Konspiration) zur Begehung der genannten Straftaten in Verbindung mit anderen geringeren Vergehen. Die Verwendung des Begriffs der »Verschwörung« befreit die Staatsanwaltschaft von der Beweislast, dass diese Delikte tatsächlich begangen wurden.

Das Verfahren dauerte fast sieben Monate. Während dieser Zeit wurden 43 Zeugen der Regierung und 31 Zeugen der Verteidigung vernommen. Die Geschworenen traten an vier Tagen jeweils nur für kurze Zeit zusammen, ohne dem Gericht auch nur eine Mitteilung zu machen oder eine Frage zu stellen.

Zeugenaussagen von hohen Militärs, die die Angeklagten von der Anklage der Spionage entlasteten, wurden nicht berücksichtigt, ebenso wenig der Nachweis, dass Gerardo Hernández in der von der Anklage der »Konspiration zum Mord« angegebenen Zeit in Miami war und mit dem Abschuss der Flugzeuge der »Brothers to the Rescue« nicht das Geringste zu tun hatte.

Sein Verteidiger Paul McKenna konnte, zur Widerlegung der Behauptung des Chefs der »Brothers«, José Basulto, sie seien nie über kubanischen Gewässern geflogen, ein Video vorführen, auf dem ein Flugzeug der »Brothers« vor der Skyline von Havanna zu sehen ist.

Die vorgelegten Beweise zeigten eine damals bekannte Szene, dass nämlich am 24. Februar 1996 Basulto und seine Schar mit drei Flugzeugen von Florida abhoben und kaum in der Luft, ihre Flugroute änderten und geradeaus auf Kuba zuflogen. Nachdem sie von der kubanischen Luftraumkontrolle gewarnt worden waren, dass sie in verbotenes Gebiet eingedrungen seien, wurden sie abgefangen und zwei von ihnen von der kubanischen Luftwaffe abgeschossen. Dabei kamen vier Mitglieder der Flugzeugbesatzungen ums Leben. »Auf einem Band, das in der Gerichtsverhandlung vorgespielt wurde, konnte man das Gelächter Basultos hören, als die Flugzeuge die Anordnung umzukehren zielbewusst missachteten. Basulto steuerte eines der Flugzeuge im sicheren Abstand und kehrte unbehelligt nach Miami zurück. Die Staatsanwälte wandten bei ihrer Argumentation das Gesetz über Verschwörung an: Weil Hernandez eine Rolle bei der Unterwanderung von Gruppen wie ›Brüder zur Rettung‹ gespielt und Kuba wegen ihrer Pläne alarmiert habe, sei er verantwortlich für Mord.«[7]

Andererseits konnte sich derselbe José Basulto im Gerichtssaal damit brüsten, von einem Boot aus vor der kubanischen Küste sechzehn Schüsse aus einer Kanone auf ein Touristenhotel abgegeben zu haben und den Saal selbst nach dieser Aussage als freier Mann verlassen.

---

[7] Vgl.: Weinglass 2003 ebd.

Es kam für die Verteidigung erschwerend hinzu, dass sie nur 20 Prozent der Anklageschrift und des »Beweismaterials« einsehen durfte. 80 Prozent wurden mit dem Hinweis auf die »Spionageanklage« als Regierungsgeheimnis deklariert. Das Gesetz zum Umgang mit als geheim zu haltenden Informationen (CIPA – Classified Information Procedures Act) der Vereinigten Staaten erlaubt ein solches Verfahren, wirkt sich aber immer als bedeutsames Hindernis für eine effektive Verteidigung aus. Außerdem konnten sich die Anwälte mit ihren Mandanten nur unter sehr beschränkten Verhältnissen austauschen. Jeder Schritt ihrer Verteidigung musste beantragt werden, d. h. ihre Strategie wurde ständig überwacht – das allein war schon ein Verstoß gegen die US-amerikanische Rechtsordnung.

Am 8. Juni 2001 erklärte die Jury die Fünf in allen 26 Anklagepunkten für schuldig, im Dezember 2001 verhängte das Distriktgericht Florida-Süd in Miami die extremen Haftstrafen. Aus dem Transkript der Urteilsbegründung geht hervor, dass die Richterin Joan Lenard glaubte, dem Verurteilten René González zum Abschluss des Prozesses noch folgende Auflage mit auf den Weg geben zu müssen: »Als weitere besondere Bedingung für eine überwachte Entlassung ist es dem Angeklagten verboten, sich mit Personen in Verbindung zu setzen oder bestimmte Orte aufzusuchen, von denen bekannt ist, dass sich dort Personen oder Gruppen, wie Terroristen, Mitglieder von Organisationen befinden oder häufig aufhalten, die Gewaltakte befürworten und für organisierte Verbrechen stehen.«[8] Mit dieser paradoxen Auflage bestätigte die Richterin die Gefährlichkeit der exilkubanischen Gruppen von Miami und die Notwendigkeit der Kubaner, sich vor ihnen zu schützen.

Seitdem verbüßen die Fünf ihre Strafurteile in fünf verschiedenen Hochsicherheitsgefängnissen verstreut über

---

8 Vgl.: Transkription der Urteilsverkündung, Leonard Weinglass, ebd.

die USA. Die weiten Entfernungen zwischen ihren jeweiligen Haftanstalten sind für ihre Anwälte eine zusätzliche Erschwernis bei deren Verteidigung, ebenso für die Angehörigen, soweit ihnen Zugang zu den Gefangenen erlaubt wird.

Haftbedingungen

Isolationshaft ist Folter · Zusätzlich zu ihrer Verwahrung in unterschiedlichen Hochsicherheitsgefängnissen wurden alle Fünf Ende Februar bzw. Anfang März 2003 in ihren jeweiligen Gefängnissen in Isolationshaft eingekerkert. Diese sollte zunächst für ein Jahr gelten, aber danach beliebig verlängert werden können. Aufgrund des internationalen Protestes, auch von Amnesty International, wurden sie nach einem Monat daraus entlassen.

Nachdem Amnesty International alarmiert worden war, setzte es sich für die Fünf mit einem erneuten Brief an den Justizminister John Ashcroft ein, die Komiteemitglieder in aller Welt schrieben mit Unterstützung von Juristen an den US-Justizminister, an die Staatsanwältin Caroline Heck-Miller und an die US-Bundesgefängnisbehörde. Außerdem waren zwei der Ehefrauen, Olga Salanueva und Adriana Pérez, während die Fünf noch in Isolationshaft waren, gemeinsam vor der Menschenrechtskommission der Vereinten Nationen in Genf aufgetreten.

Das deutsche Solidaritätskomitee »¡Basta Ya!« hatte beide Ehefrauen mit einer Petition an die 59. Menschenrechtskommission der UNO in Genf unterstützt[9], ebenso wie die Gesellschaft zum Schutz von Bürgerrecht und Menschenwürde e.V. (GBM) mit einem Brief vom 9. März 2003.[10]

---
9 Vgl. unter: http://www.miami5.de/informationen/baya-030418.html
10 Vgl. unter: http://www.miami5.de/informationen/gbm-030418.html

Unmittelbar nach der Entlassung der Fünf aus der Isolationshaft, am 1. April 2003, gab ihr Anwalt Leonard Weinglass Bernie Dwyer von Radio Habana Cuba ein Interview. Hier einige Auszüge:

*Es war die Solidaritätsbewegung,
die die Fünf aus der Isolationshaft geholt hat*

Bernie Dwyer: *Herzlichen Glückwunsch Leonard, das ist wirklich mal eine gute Nachricht für alle.*

Leonard Weinglass: Es gibt viele, viele, denen man gratulieren muss, denn es war die Antwort der Solidaritätsbewegung, die die Fünf aus der Isolationshaft befreit hat.

BD: *Sie glauben, es war tatsächlich öffentlicher Druck, der das vollbracht hat?*

LW: Ja, das ist es, was ich damit meinte, als ich mich auf die Solidaritätsbewegung bezog. Es war die überwältigende Antwort der Öffentlichkeit, die es ihnen ermöglichte, da heraus zu kommen.

BD: *Konnten Sie aus dem Telefongespräch mit Antonio seine Stimmungslage und seinen Eindruck von der Befreiung aus der Isolation ersehen?*

LW: Antonio ist ein sehr bescheidener Mann und auch sehr tapfer. Er ist kein Mensch, der sich beschweren würde. Aber er erzählte mir, dass er heute sehr froh sei, als ich vor einer Stunde mit ihm sprach, und dass sie ihm eine Schachtel mit zweihundert Briefen gegeben hätten, die man ihm während der Isolation geschrieben habe.

BD: *Hat man irgendeinen Grund dafür angegeben, dass man sie in Isolation genommen und einen Monat später wieder daraus befreit hat? Es gab eine Andeutung, es sei eine Angelegenheit der nationalen Sicherheit, die aber offensichtlich nicht mehr gilt, so dass die ganze Sache willkürlich erscheint.*

LW: Nein, nichts über das hinaus, was Sie sagen. Sie haben niemals erklärt, weshalb sie sie hineingesteckt haben, und dann haben sie niemals erklärt, weshalb sie sie wieder herausgebracht haben. Aber sie haben uns schriftlich mitgeteilt, dass sie für ein Jahr drin bleiben würden, und dass das Jahr für Jahr verlängert werden würde. So kamen sie nach 30 Tagen heraus, ohne dass man uns wissen ließ, welche Situation sich so verändert hat, dass die Regierung sie nach einem Monat wieder heraus lässt.

BD: *Also könnten sie auch wieder zurückgebracht werden?*

LW: Das ist schwierig zu beurteilen. Die Regierung hat die völlige Kontrolle über sie, es hängt von der Reaktion der Öffentlichkeit ab, die in diesem Fall, glaube ich, die Freilassung beschleunigt hat. Man kann nicht vorhersagen, was die Regierung als nächstes vorhat. Wie auch immer, dies muss nicht das Ende der Geschichte sein. Ich prüfe jetzt die Möglichkeit einer Klage gegen die Regierung wegen Misshandlung der Fünf und den Mangel an Rechtfertigung oder Gründen dafür, sie in solch horrende Verhältnisse zu bringen.

BD: *Mr. Weinglass, Sie erwähnten, dass die Bedingungen Ihrer Klienten während der Isolationshaft die schlimmsten gewesen seien, die Ihnen je begegnet sind. Gibt es etwas, das Sie dem noch hinzufügen möchten?*

LW: Ja, Gerardos Verhältnisse waren die schlimmsten, die mir je im US-Gefängnissystem begegnet sind. Gestern habe ich einen Brief von Gerardo erhalten, in dem er mir schildert, dass seine Bedingungen nach meinem Besuch vom 16. März sogar noch schlimmer wurden. Die Toilette über seiner Zelle war offensichtlich kaputt gegangen und das schmutzige Wasser lief in seine Zelle, über ihn und in seinen Ausguss. In der letzten Woche seiner Isolationshaft – ohne jeden Lesestoff – vertrieb er sich die Zeit damit, zu versuchen das Leck in seiner Zelle mit Toilettenpapier abzudichten, damit das schmutzige Wasser nicht mehr über ihn lief. Sie erinnern sich, er war in Unterwäsche, weil man ihm seine Kleidung weggenommen hatte. Das war seine Hauptbeschäftigung in der letzten Woche seiner Isolationshaft. Es war fürchterlich. Er beklagte sich beim medizinischen Dienst wegen der Gesundheitsgefahren, wurde aber ignoriert. Sie wussten, dass er unter diesen Bedingungen lebte, aber taten nichts, um ihm zu helfen. Er war in einer besonderen Bestrafungszelle für gewalttätige Insassen, innerhalb des Isolationsbereiches. Das war eine schrecklich inhumane Behandlung, und ich glaube, ich sollte das nicht ohne eine Reaktion auf sich beruhen lassen.«[11]

Kontaktverbot für Angehörige · Wie wir später aus Gesprächen mit den in Kuba lebenden Angehörigen erfuhren, hatten die meisten von ihnen bis zur Verhaftung nicht gewusst, wo und mit welchem Auftrag ihre Söhne, Ehemänner, Brüder oder Väter in Miami waren. In ihre Erschütterung über deren Verhaftung und die Sorge und Ungewissheit über ihren Verbleib mischten sich Überraschung, Stolz und Hochachtung. Während sie diese Zeit ohne jedes Lebenszeichen von ihnen ertragen mussten, schienen sie alle den Prozess in der Hoffnung auf eine seriöse Rechtsprechung regelrecht herbeigesehnt zu haben.

Adriana Pérez O'Connor, die Ehefrau von Gerardo, gehörte zu denen, die über die Arbeit ihres Ehemannes informiert worden war und ihm nach Miami folgen wollte. Beide hatten die langen Trennungen voneinander nicht mehr ertragen wollen, und die kubanischen Behörden hatten dem Antrag Gerardos bereits stattgegeben, sie zu ihm nach Miami reisen zu lassen. Dieser Umstand sollte ihr bis heute zum Verhängnis werden. Die US-Behörden unterstellten ihr die gleichen »Spionageabsichten« wie ihrem Ehemann und gaben als

---

[11] Vgl.: Interview unter:
http://www.miami5.de/informationen/rhc-030401.html;

Begründung für die Ablehnung eines Einreisevisums an, sie sei eine »Gefahr für die Sicherheit der Vereinigten Staaten«.[12]

Die einzige Ehefrau vor Ort war Olga, die Frau von René González, die nun nach ihren eigenen Aussagen den Angriffen des von den Medien gegen die Fünf aufgehetzten Mobs ausgesetzt gewesen sei – wohl um sie als »Kommunistin« zu brandmarken, hätten ihr irgendwelche Nachbarn »Hammer und Sichel« an die Wohnungstür gemalt, ein Foto davon sei auch in der Zeitung erschienen. Es habe aber auch Nachbarn gegeben, die versucht hätten, sie zu trösten.

Ihr Antrag, René im Gefängnis besuchen zu dürfen, wurde, angeblich wegen Strafrechtssicherheitsrisiken, abgelehnt. Aber Olga sei mit Ivette auf dem Arm um den Gefängnisblock herumgegangen. Später habe sie erfahren, dass René sie aus einem schmalen Fenster im 12. Stock auf dem gegenüberliegenden Bürgersteig vor dem Gebäude habe sehen können. Leider habe René von da oben nur erkannt, dass sie etwas mit einem dunklen Lockenkopf auf dem Arm trug.[13]

Doch dann wendete sich das Blatt. Offensichtlich hegte man die Hoffnung, René, genau wie zuvor Joseph Santos, den Vater einer fünfjährigen Tochter, mit dem Druck auf seine Familie »umdrehen« zu können.

»Am 3. August 2000 erhielt René einen Brief von der Staatsanwaltschaft, in dem ihm Strafmilderung angeboten wurde, wenn er als Kronzeuge auftrete und gegen die vier bisher nicht geständigen Mitangeklagten aussage. Der Brief warnte

---

[12] Den Autoren liegt ein Antwortschreiben des State Department vom 30.12.2004 vor, in dem Olga beschuldigt wird, mit René eng zusammengearbeitet und Berichte an kubanische Behörden weitergegeben zu haben und wonach Adriana sich zur Zeit der Verhaftung der Fünf in Kuba in Ausbildung zur kubanischen Geheimagentin befunden habe. Unterzeichner des Briefes war Timothy Zuñiga-Brown, Acting Coordinator, Office of Cuban Affairs.
[13] Vgl. Rafael Rodríguez, 2004, »*Ein Imperium gegen ein Kind: Die Geschichte von Ivette González Salanueva*«,
unter: http//www.miami5.de/informationen/juristen-041004.html,
vgl.: Olgas Aussagen in der Dokumentation von Bernie Dwyer und Roberto Ruiz, »*Mission gegen den Terror*«, 2004;

auch davor, dass Olgas Einwanderungsstatus in Gefahr gerate, wenn er die Kooperation verweigere, da sie ja keine amerikanische Staatsbürgerin sei. Sobald René sich trotz der Androhung von Olgas Ausweisung geweigert hatte zu kollaborieren, wurde die Entscheidung (höchst wahrscheinlich vom Justizministerium) getroffen, Olga zu verhaften und die Familie zu zerstören.«

Olga wurde am 16. August 2000 von INS-Agenten verhaftet. »Obwohl Olga in das Untersuchungsgefängnis des INS [Immigration and Naturalization Service – US-Einwanderungsbehörde] in Miami hätte eingewiesen werden müssen, wurde sie willkürlich nach Fort Lauderdale geschickt, in ein Gefängnis für gewöhnliche Kriminelle und Gefangene mit Verhaltensproblemen. Sie verbrachte dort nach ihrer Verhaftung einen Zeitraum von drei Monaten.«[14]

Der Kampf um ein Berufungsverfahren

Die Anwälte der Fünf legten nach der Urteilsverkündung umgehend bei der nächst höheren Instanz, dem Eleventh Circuit Court of Appeals in Atlanta, Georgia, Berufung ein. Es sollte wieder ein Jahr dauern, bis die Staatsanwaltschaft in Miami dem Berufungsgericht in Atlanta die Prozessakten der Fünf zukommen ließ. Danach setzten die Richter von Atlanta den Berufungsabgabetermin für die Verteidigung auf den 7. April 2003 fest.

Die bereits erwähnte Isolationshaft vom März 2003 hatte neben der psychischen Folter der Gefangenen auch starke Behinderungen bei der Vorbereitung der Berufungsanträge zur Folge.

---

14 Vgl. Rodríguez ebd.

Erste Etappe des Berufungsverfahrens – Anhörung in Miami · Die Anhörung beider Parteien vor drei Richtern aus Atlanta fand am 10. März 2004 in Anwesenheit der Presse und internationaler Juristen in Miami statt. Unter den dort anwesenden Prozessbeobachtern war auch der deutsche Menschenrechtsanwalt Eberhard Schultz.[15] In seinem Bericht schreibt er unter anderem:

»Zum Verständnis scheint mir noch wichtig, dass es in US-amerikanischen Strafverfahren erster Instanz keine schriftliche Urteilsbegründung gibt, auf die man sich beziehen könnte, weil es sich um eine Jury-Entscheidung handelt. Entscheidende Grundlage sind also die Protokolle über die Gerichtsverhandlung, die Beweisaufnahme und die von beiden Parteien vorgebrachten Argumente und Dokumente.

Auffällig war, dass die Berufungsrichter besonders viele kritische Nachfragen an die Staatsanwaltschaft bei ihren Ausführungen zur Mordverurteilung hatten. [...] Nach Ansicht der Staatsanwaltschaft sollte die Mitteilung des Angeklagten an die kubanischen Behörden, über geplante Flüge der ›Brothers to the Rescue‹ nach Kuba, die kubanische Anweisung an den Angeklagten, nicht selber mitzufliegen, den Tatbestand der Mordverschwörung erfüllen. Dies schienen die Richter für schwer nachvollziehbar zu halten, sie fragten mehrfach bohrend nach, ›was hat er denn wirklich getan?‹.

Nach der Einschätzung der Verteidigung könnte dies darauf hindeuten, dass das Urteil wenigstens hinsichtlich der Mordverurteilung aufgehoben wird, so dass eine politische Lösung ›möglich erscheine‹. [...]

Im Anschluss an die Verhandlung fand auf Einladung des »National Committee to Free the Cuban Five« eine gut besuchte Pressekonferenz statt (dazu auch ein Interview

---

15 Vgl.: Bericht über Prozessbeobachtung von Eberhard Schultz unter: http://www.miami5.de/informationen/eberhard-040322.html

durch CNN), auf der die sieben internationalen ProzessbeobachterInnen sprachen. Außerdem sprach Len Weinglass und beantwortete Fragen der JournalistInnen. Die Berichte in den regionalen und überregionalen Medien waren verhältnismäßig ausführlich und nach Einschätzung des Committee im Gegensatz zu den Berichten über die Hauptverhandlung objektiv. [...]«

Mumia Abu Jamal, Angela Davis, die »Chicago Eight« und die fünf Kubaner · Im April 2004 besuchte Leonard Weinglass, der Anwalt von Antonio Guerrero, auf Einladung des belgischen und deutschen Komitees zur Befreiung der Fünf, sowie belgischer und deutscher Juristen, Europa. In einer Reihe von Veranstaltungen stellte er den Fall der »Cuban Five« einer möglichst breiten Öffentlichkeit vor. Diese Veranstaltungen sollten dazu dienen, »die Mauer des Schweigens« um den Justizskandal einzureißen und die internationale Solidarität mit den Gefangenen weiter zu mobilisieren.[16]

Leonard Weinglass vertrat 1969/70 die »Chicago Eight«, eine Gruppe von Vietnamkriegsgegnern, er war Anwalt von Angela Davis, Jane Fonda und Mumia Abu Jamal.

In seiner Darstellung reihte er den Fall in den Abbau der Bürgerrechte in den USA ein, der besonders nach dem 11. September 2001 spürbar sei. In Wirklichkeit habe diese Entwicklung jedoch bereits 1968 unter Nixon eingesetzt. Der Verlust von Menschenrechten habe sich auch unter Carter und Clinton ständig fortgesetzt. Mumia Abu Jamal habe z. B. 1996 infolge dieser Entwicklung sein Recht auf Berufung verloren.

1970 habe das Verfahren gegen die »Chicago Eight« insgesamt sechs Monate gedauert. Er habe für seinen Einspruch bei der mündlichen Anhörung des Berufungsverfahrens zwei

---

16 Vgl. ausführlicher: Bericht von ¡Basta ya! (26.–27.04.2004)
http://www.miami5.de/informationen/weinglass-040422.html

Tage Zeit gehabt. Im März 2004 erhielt er nach einem ebenfalls sechsmonatigen Verfahren nur drei Minuten. Damit habe sich die Zeit für die Berufung seit 1970 quasi auf Null verkürzt.

Die Verschlechterung innerhalb der Rechtsprechung habe sich schon 1998 auf den Fall der Fünf ausgewirkt, die Ungerechtigkeit in der Rechtsprechung korrespondiere mit der Ungerechtigkeit in der Politik gegenüber Kuba. Es gebe nur sehr wenige Fälle, »auf die sich unfaire Außenpolitik und unfaire Rechtsprechung gleichzeitig auswirken«. Einen solchen Fall habe es seit 1970, nämlich dem der Vietnamkriegsgegner, nicht mehr gegeben.

Im Zusammenhang mit den seit über 40 Jahren immer wieder geführten Angriffen auf Kuba, deren Zunahme seit 1990 dazu führte, dass die Fünf den Auftrag zur verdeckten Ermittlung innerhalb der rechtsradikalen exilkubanischen Organisationen nach Südflorida annahmen, betonte er, wie verfehlt in diesem Fall die Anklage auf Spionage sei, da es ja um keinerlei US-Regierungsgeheimnisse gegangen sei. Er ging auf das feindselige Klima innerhalb der 650 000 Exilkubaner in Miami gegenüber Kuba ein. Selbst Untersuchungen der US-amerikanischen Menschenrechtsorganisation »America's Watch« (einer Untergruppe der Organisation »Human Rights Watch«) in Miami ergaben, dass es dort »gefährlich« sei, sich prokubanisch zu äußern. »America's Watch« beschränke seine Ermittlungen normalerweise auf das amerikanische Ausland, Miami sei »die einzige US-amerikanischen Stadt, die sie je untersuchten«.

Er berichtete davon, wie die Fünf nach ihrer Verurteilung während eines ganzen Monats ohne Angabe von Gründen in ihren jeweiligen Hochsicherheitsgefängnissen in Isolationshaft gesteckt wurden. Besonders hart habe es Gerardo getroffen. Weinglass habe bei dessen Entlassung aus diesem Loch den Raum besichtigen können – selbst in Mumias Todestrakt habe er keinen schrecklicheren Ort gesehen. Es gab dort kein Fenster, aber das Licht habe 24 Stunden lang gebrannt, seine Schlafstelle habe aus einer schmalen Betonfläche und einem Laken bestanden, das Essen sei ihm durch eine Luke am Boden hineingeschoben worden. Er habe, wie alle anderen, mit niemandem sprechen können. Wenn er im Raum stand, konnte er mit beiden Händen gleichzeitig die Wände berühren.

Auf die Frage, »Was kann die internationale Solidarität in diesem Fall leisten?« antwortete Weinglass, »Oh, sehr viel! Denn das Interesse der US-Medien scheint an dem Fall durch das Interesse aus Europa zu wachsen.« Möglichkeiten seien dabei nach wie vor Unterschriftensammlungen, Briefe an die US-Botschaft, an die US-amerikanischen Behörden etc. Er betonte, dass z.B. Mumia Abu Jamal längst hingerichtet worden wäre, wenn es nicht die Proteste dagegen aus Europa gegeben hätte. Innerhalb Europas würde mehr über ihn gesprochen und geschrieben als an seinem Geburtsort Philadelphia. Und auch der ebenfalls von ihm vertretene Fall Angela Davis wäre letztlich anders entschieden worden, wenn es die internationale Solidarität nicht gegeben hätte.

Im Falle der Fünf habe es innerhalb der US-amerikanischen Presse Aufsehen erregt, dass bei der Anhörung in Miami auch Anwälte aus Europa und Argentinien anwesend waren. Man könne die US-Bürger anscheinend nur aufrütteln, wenn man sie aus Übersee auf die innerhalb ihres Landes verschwiegenen Ereignisse aufmerksam mache. – Es sei doch »peinlich für die USA, dass ihr Land Terroristen sponsere«. – Ihm selbst sei erst durch die Fünf bewusst geworden, »wie lange Kuba bereits Unrecht geschieht« und wie weit die Geschichte der Annexionspolitik der USA in Bezug auf Kuba zurückreicht. Denn »schon 1802 sprach Thomas Jefferson davon, dass Kuba ihnen eines Tages wie eine reife Frucht in den Schoß fallen müsse.«

Erster Erfolg der Verteidigung: Urteil des Drei-Richter-Gremiums aus Atlanta · Olga Salanueva und Adriana Pérez, den Ehefrauen von René González und Gerardo Hernández ist es zwar bis jetzt nicht gestattet, in die Vereinigten Staaten zu reisen, um dort ihre Ehemänner besuchen zu können, doch es ist ihnen gestattet, in die Schweiz einzureisen und die Menschenrechtskommission in Genf aufzusuchen, und sie hatten dort den Fall und ihre eigene Betroffenheit schon mehrfach vortragen können. Am 27. Mai 2005 veröffentlichte diese UN-Arbeitsgruppe der Menschenrechtskommission in Genf ihr Urteil. In ihrer Stellungnahme Nr.19/2005 (Vereinigte Staaten von Amerika) heißt es, die Inhaftierung der fünf kubanischen Gefangenen sei »ein Verstoß gegen Artikel 14 des Internationalen Paktes für Zivile und Politische Rechte und entspricht nach Untersuchung des Falles vor der Arbeitsgruppe der Kategorie III der anwendbaren Kategorien«.[17] Damit wurde die Beurteilung der UN-Arbeitsgruppe weltweit veröffentlicht und das mag schließlich die drei Richter in Atlanta ermutigt haben, ihr, wie sie es nannten, »unpopuläres« Urteil zu fällen.

Am 9. August 2005 veröffentlichte das Drei-Richter-Gremium des Berufungsgerichtes in Atlanta sein Urteil zugunsten der »Cuban Five« mit einer 93-seitigen Begründung, wonach die Strafurteile wegen der vorurteilsträchtigen Atmosphäre bei der Verhandlung in Miami-Dade aufgehoben und der Prozess an einem neutralen Ort wieder aufgenommen werden sollte.[18]

Die Fünf und ihre Verwandten atmeten auf und schöpften neue Hoffnung und mit ihnen ihre internationalen Unterstützer. Aber schon am 25. August bekam die allgemeine Freude ihren ersten Dämpfer: Die US-Regierung beantragte 30 Tage Verlängerung ihrer Bedenkzeit. In einem Interview mit

---

17 Vgl. unter: http://www.miami5.de/informationen/unhcr-050527.html
18 Vgl.: Opinion, »*In the United Court of Appeals for the Eleventh Circuit*«, unter: http://www.freethefive.org/legalFront/LF11thCirOpinion08-09-05.pdf

Bernie Dwyer von Radio Havanna sagte Leonard Weinglass dazu: »Die unmittelbare Auswirkung ist, dass er vor unser dreiköpfiges Richter-Panel kommt, das den Antrag prüft und entscheiden wird, ob diese zusätzlichen dreißig Tage gewährt werden oder nicht. Wenn ich eine Vermutung aussprechen kann, was passieren wird, unser Panel wird ihnen dreißig zusätzliche Tage gewähren, sodass sie insgesamt 51 Tage vom 9. August an Zeit haben, um zu entscheiden, ob sie Berufung einlegen oder nicht. Also wird alles um weitere dreißig Tage verschoben.«[19]

Am 30. August 2005 erging ein offener Brief internationaler Persönlichkeiten an den US-Justizminister Alberto Gonzales und die US-Außenministerin Condoleezza Rice mit folgendem Wortlaut (in der deutschen Übersetzung):

»Nach Informationen der internationalen Presse vom 9. August 2005 hat das Berufungsgericht des 11. Bezirksgerichts von Atlanta das in Miami ergangene Urteil gegen Gerardo Hernández Nordelo, René González Sehwerert, Ramón Labañino Salazar, Antonio Guerrero Rodríguez und Fernando González Llort, das sie wegen Eindringens in die extremistischen kubanisch-amerikanischen Gruppen in Südflorida zwecks Nachrichtenbeschaffung über terroristische Aktivitäten gegen Cuba verurteilte, für null und nichtig erklärt. Ihre Gefängnisstrafen wurden bereits von der Arbeitsgruppe für willkürliche Verhaftungen der Menschrechtskommission der Vereinten Nationen für illegal erklärt.

Während der letzten sieben Jahre sind diese fünf jungen Männer in Hochsicherheitsgefängnissen gefangen gehalten worden; über längere Zeiträume wurden sie streng von der Außenwelt abgeschlossen in Isolationshaft gehalten, und zweien von ihnen wurde das Recht auf Familienbesuche verweigert.

---
19 Sh.: http://www.miami5.de/informationen/juristen-050825.html;

Ihre Inhaftierung ist angesichts der Aufhebung ihrer Urteile gegenwärtig durch nichts gerechtfertigt. Diese willkürliche Situation, die für sie und ihre Familien außerordentlich schmerzlich ist, darf nicht andauern. Wir, die Unterzeichner, fordern ihre unverzügliche Freilassung.«[20]
Der offene Brief wurde von neun Nobelpreisträgern, renommierten Juristen, Wissenschaftlern und Künstlern unterschrieben, zu denen gehörten: Bishop Desmond Tutu, Nelson Mandela, Nadine Gordimer, Rigoberta Menchú, Adolfo Pérez Esquivel, José Saramago, Noam Chomsky, James Petras, Alice Walker, judge i.r. Claudia Morcom, Harold Pinter und Günter Grass.

Am 31. Oktober 2005 wurde dem Einspruch der Bundesstaatsanwaltschaft und der Beantragung einer En-Banc-Anhörung vor allen 12 Richtern des Berufungsgerichtes von Atlanta stattgegeben.

Am 14. Februar 2006 erfolgte die mündliche Anhörung vor den 12 Richtern des Bezirksgerichts Atlanta unter internationaler Beobachtung.

Aus dem Bericht von RA Eberhard Schultz:
»Cuban 5 – Prozeßbeobachtung, 02.03.2006
[...]
1. Die Gerichtsverhandlung:
[...] Aus der Befragung wurde deutlich, dass mehrere Richter, insbesondere die beiden, die bereits an der vorangegangenen Entscheidungen beteiligt waren, die Argumente der Verteidigung unterstützten, während einige andere diese eher für fragwürdig hielten. Der Vorsitzende Richter hat entgegen der ursprünglichen Annahme der Verteidigung

---

[20] Sh.: http://www.miami5.de/news/cp-050830.html;
(die vollständige Liste der Tausenden von Unterzeichnern des Briefes sh. unter: http://www.liberenlos5.cult.cu/Index.php?lang=2)

diese nicht mit kritischen Fragen konfrontiert, was sie als positives Zeichen gewertet hat.

2. Einschätzung der Verteidigung und Perspektive

Insgesamt war die Einschätzung der Verteidiger im Anschluss an die einstündige Verhandlung positiv, was das Niveau und die Ernsthaftigkeit der Argumentation, und vorsichtig optimistisch, was die zukünftige Entscheidung betraf. Eine positive Entscheidung im Sinne der Verteidigung wäre historisch einmalig, weil das Appellationsgericht noch nie eine für die Angeklagten positive Entscheidung getroffen habe, andererseits hat das 13er-Richtergremium auch noch nie eine Entscheidung des Dreier-Kollegiums aufgehoben. Mit einer Entscheidung ist in den nächsten Monaten zu rechnen, es sei eher unwahrscheinlich, dass es wieder mehr als ein Jahr von der öffentlichen Verhandlung bis zur Entscheidung dauere wie beim letzten Mal. Die Mandanten, die der Verhandlung nicht beiwohnten, müssten solange in jedem Falle in Haft bleiben; nach der Entscheidung könne die Partei, die unterliegt, den Supreme-Court anrufen. Die Verteidiger halten also eine Verfahrensdauer von mehr als 10 Jahren für durchaus möglich und sehen keine Chance, die Mandanten vorher aus der Haft herauszubekommen: Bei so schweren Vorwürfen würden die Möglichkeiten einer Haftentlassung gegen Kaution oder andere Auflagen praktisch nie angewandt.

Die Pressekonferenz

Um 12:00 Uhr begann die von einer engagierten Agentur professionell vorbereitete und durchgeführte Pressekonferenz im Ritz-Carlton-Hotel mit mehr als einem Dutzend MedienvertreterInnen, darunter vor allem die führenden Nachrichtensender (CNN und Fox), regionale Medien aus Miami und kubanische sowie linke Medien. [...]

In einem kurzen Beitrag habe ich dann darauf hingewiesen, dass das Verfahren in jedem Falle internationale Menschenrechtsstandards verletze: Unter Hinweis auf die

Rechtsprechung des Europäischen Gerichtshofs für Menschenrechte in Straßburg (Fall Erdem gegen die BRD aus dem Jahr 2000 u.a.) habe ich ausgeführt, dass eine Untersuchungshaft, die länger als sechs Jahre dauere, selbst in Fällen schwerster Anklagevorwürfe (auch Mord o. ä.) nicht hinnehmbar sei – völlig unabhängig von der Frage der Schuld müssten also die Kubaner nach menschenrechtlichen Grundsätzen sofort freigelassen werden. [...]«[21]

Rückschlag und weiterer Kampf · In »Leonard Weinglass: ›Ich habe das Glück, die Fünf zu verteidigen.‹« von Deysi Francis Mexidor, in der Granma vom 6. Mai 2006, heißt es u.a.:
»[...] ›Es sind jetzt seit der mündlichen Anhörung vor dem gesamten Gremium des Berufungsgerichts in Atlanta drei Monate vergangen. Gibt es irgendwelche Neuigkeiten?‹

›Es kommen keine Nachrichten vom Gerichtshof in Atlanta, aber die jüngeren Ereignisse auf nationaler Ebene sollten dem Fall der Fünf nützen. Ich beziehe mich da auf den Versuch, den Terroristen Luis Posada Carriles in den Vereinigten Staaten zu schützen (der in Texas wegen Verstoßes gegen das Einwanderungsgesetz in Gewahrsam ist). Es sind noch andere Fälle in Florida anhängig, wie die von Santiago Àlvarez Fernández-Magriña und Osvaldo Mitat, deren Verhandlungen bald beginnen werden, sowie auch die Verhaftung von Roberto Ferro in Los Angeles, der mit einer großen Menge von Waffen angetroffen wurde und behauptete, er sei ein Mitglied von Alpha 66 (einer paramilitärischen in Florida ansässigen Organisation, die Angriffe gegen Kuba geführt hat). Sie sind alle bekennende Terroristen.

Dies zeigt einmal mehr, dass Kuba Opfer einer Aggression geworden ist, die von den Vereinigten Staaten ausgeht, und

---

21 vollständig unter: http://www.miami5.de/informationen/komitee-060308.html

das war die Ausgangsposition der Verteidigung in unserem Fall. Die jüngsten Ereignisse haben uns im Hinblick auf das mögliche Urteil in Atlanta in die Lage versetzt, etwas optimistischer werden zu können.‹

Ungefähr vor vier Jahren schloss sich Leonard Weinglass dem Verteidigungsteam der Cuban Five an. Welche Erfahrungen hat er gewonnen?

›Ich habe gelernt, wie glücklich ich sein kann, diese fünf jungen Männer als US-Anwalt zu verteidigen. Ich bin persönlich in der Lage, ihren Mut, ihre Ritterlichkeit und starken Prinzipien zu schätzen, und dies ist ein Privileg für mich. Ich kann auch behaupten, dass alle anderen Anwälte des Teams so empfinden.‹

Wenn das aus Atlanta zu erwartende Urteil die Entscheidung des Drei-Richter-Gremiums vom 9. August 2005 unterstützt, was wird dann mit den Fünf geschehen?

›Der Fall wird wieder an den Anfang in Florida zurückkehren, wo wir unsere Argumente zur Unterstützung ihrer Freilassung vertreten werden und dass es ihnen erlaubt wird, zu ihren Familien hier in Kuba zurückzukehren.‹«[22]

Am 9. August 2006, dem Jahrestag der Urteilsverkündung des Drei-Richter-Gremiums zugunsten der Angeklagten hob das Zwölf-Richter-Gremium von Atlanta die Entscheidung vom Vorjahr nach einer 10:2-Abstimmung wieder auf.

Am 20. November 2006 legte die Verteidigung erneut Berufung gegen die verbleibenden 9 Hauptanklagepunkte ein, um sie von den beiden Richtern aus dem ehemals 3-Richter-Gremium in Atlanta prüfen zu lassen. Aus den Briefen und Grußbotschaften zu verschiedenen Anlässen, die seitdem von den Fünfen eintrafen, geht hervor, dass sie ihrerseits sehr bemüht sind, sich gemeinsam mit ihren Anwälten gründlich auf das

---

[22] Sh.: http://www.miami5.de/informationen/juristen-060510.html

neue Verfahren vorzubereiten, dass es aber auch wieder Verzögerungen in ihrer Korrespondenz mit den Anwälten gibt.

Am 20. August 2007 erwarten die fünf Kubaner in ihren jeweiligen Hochsicherheitsgefängnissen die dritte mündliche Anhörung ihres Falles vor dem Appelationsgericht in Atlanta. Aus Deutschland haben sich für das diesjährige Verfahren zwei Beobachter zur Verfügung gestellt: der Menschenrechtsanwalt Eberhard Schultz und der Völkerrechtler Professor Norman Paech.

Das Wespennetz
Warum Kuba Aufklärer nach Miami schickte

Das Streben der USA nach Besitz Kubas ist tief und hat historische Wurzeln · Je weiter sich die USA in ihrer Entstehungsgeschichte durch ihre Landeroberungen und durch die aufeinander folgenden Eingliederungen von Louisiana, Florida, Neu-Mexiko und Texas nach Süden ausdehnten, desto mehr steigerte sich der Appetit, nicht nur einen Teil, sondern auch den ganzen Kontinent zu beherrschen. So wie die völkerrechtswidrige Eroberung des Südens mit anscheinend progressiven Losungen, nämlich der Sklavenbefreiung, propagiert wurde, so gedachte man die Fackel noch weiter nach Süden zu tragen. Kuba war dabei zweifelsfrei eine Schlüsselrolle zugedacht worden. Der damalige US-Präsident Jefferson hatte bereits im Jahre 1817 erklärt: »Wenn wir Kuba in Besitz nehmen, sind wir die Herren der Karibik«. Dieser Gedanke zog sich in den Zielen aller wichtigen politischen Strömungen der USA durch das gesamte 19. Jahrhundert.

Neben den globalpolitischen Zielen hatten wirtschaftliche Interessen des aufstrebenden Bürgertums in den USA erstrangige Bedeutung. Das wird u. a. an den Positionen sichtbar, die die USA bis zum Sturz der ihr hörigen kubanischen Dynastie 1959 überall in der kubanischen Wirtschaft errungen hatten. Kuba war faktisch innerhalb eines halben Jahrhunderts nach dem Sieg über die spanischen Kolonialherren Ende des 19. Jahrhunderts bis zum Sieg der Rebellenarmee unter Führung Fidel Castros zu einer Kolonie der USA geworden. Daher richtete sich die Revolution nicht nur gegen die Diktatur der kubanischen Oligarchie, sondern sie hatte auch den Kampf um nationale Würde und Souveränität zu einem ihrer hauptsächlichen Ziele. Bereits in der berühmten Verteidigungsrede des Rechtsanwaltes Dr. Fidel Castro im Gerichtsprozess, der nach dem Scheitern des Aufstandes vom 26. Juli 1953 gegen ihn und seine Mitkämpfer vom Batista-Regime inszeniert worden war, waren die Hauptziele des späteren Programms der Revolution enthalten: Landreform, Verringerung der Ungleichheit, Abschaffung der den ausländischen Unternehmen gewährten Privilegien.[23]

Vom Zeitpunkt des Sieges der Revolution an begann ein unerklärter Krieg der USA gegen die revolutionäre Entwicklung auf Kuba. Nunmehr spielten nicht nur globalpolitische und wirtschaftliche Interessen eine Rolle, sondern es ging darum, Anfänge einer souveränen, nationalen und eigenständigen Entwicklung auf dem Kontinent im Keime zu ersticken. Das führte dazu, dass der historische Konflikt zwischen den USA und Kuba in eine neue, verschärfte Phase eintrat, die seitdem durch die Durchführung einer brutalen Politik von Feindseligkeiten, Aggressionen und Terror aller Art, die gegen alle Normen des Völkerrechts verstößt, gekennzeichnet ist. Der Krieg der USA wurde zur Staatspolitik, wofür es zahlreiche Beweise gibt. Sie geben Aufschluss über eine Vielzahl von politischen, militärischen, ökonomischen,

---

23 Fidel Castro: *La historia me absolvera*, Editora Politica, La Habana, 1964

biologischen, diplomatischen, psychologischen und propagandistischen Aktionen, Spionageunternehmungen, Terroranschlägen und Sabotageakten, die Vorbereitung, Ausrüstung und logistische Unterstützung für bewaffnete Banden sowie geheime Söldnergruppen, Ermutigung zum Desertieren und zum illegalen Verlassen des Landes sowie zahlreiche kriminelle Versuche, die führenden Persönlichkeiten der kubanischen Revolution zu töten. Solche Praktiken, von den Medien der USA sonst in der Welt dargestellt als Staatsterrorismus, wurden und werden von den USA selbst praktiziert. Bekannt sind z. B. das so genannte »Programm der verdeckten Aktionen gegen das Castro-Regime«, das am 17. März 1960 vom damaligen Präsidenten Dwight D. Eisenhower gebilligt wurde[24] oder das »Projekt Kuba«, das am 18. Oktober 1962 den höchsten Vertretern der US Regierung und der Spezialgruppe des Nationalen Sicherheitsrates vorgelegt wurde und 32 Aufgaben für den verdeckten Krieg enthält.[25] In solchen Dokumenten, die vom State Department und von der CIA ausgearbeitet und vom Präsidenten bestätigt wurden, sind komplexe Aktionen wie Luft- und Seeangriffe in Piratenart sowie die Förderung konterrevolutionärer Gruppen in Kuba im Detail dargelegt. Deutliche Beweise für die Versuche, solche Konzeptionen zu realisieren waren z. B. die Invasion in der Schweinebucht im April 1961 oder die bis 1965 andauernden bewaffneten Bandenaktionen im Escambray-Gebirge.

Eine Gruppe kompetenter kubanischer Anwälte hat im Auftrag aller gesellschaftlicher Organisationen Kubas am 31. März 1999 eine »Klage des kubanischen Volkes gegen die Regierung der Vereinigten Staaten wegen Personenschäden«

---

[24] Janette Habel: *Kuba, die Revolution in Gefahr*, Neuer ISP Verlag, Köln 1993, S.12
[25] Klaus Fritsche: *Der August-Putsch und die sowjetisch-kubanischen Beziehungen*, Köln 1993.
Bundesinstitut für Ostwissenschaftliche und Internationale Studien, Aktuelle Analysen, Nr. 64
und Le Monde vom 13. 9. 94

eingereicht, in der auf 42 Seiten und entsprechenden Dokumentationen als Anlagen alle Fakten der kriminellen antikubanischen Aktionen durch das offizielle Nordamerika und die dort ausgehaltenen ultrarevanchistischen und terroristischen exilkubanischen Gruppierungen in detaillierter und eindeutiger Weise dargelegt sind. Darin wird u. a. Schadenersatz für die durch terroristische Aktionen 3 478 ums Leben gekommenen und 2 099 körperlich geschädigten kubanischen Bürger eingeklagt.

Der jahrzehntelange USA-Terror · In den ersten Wochen nach der kubanischen Revolution schien ein gut nachbarschaftliches Verhältnis zu den USA noch möglich. Immerhin hatten die Vereinigten Staaten am 7. Januar 1959, also nur sechs Tage nach der Machtübernahme, als zweites Land der Welt die neue kubanische Regierung diplomatisch anerkannt. Jedoch setzten sich sehr schnell die Falken in der US-Administration durch. Bereits am 10. März 1959 behandelte der Nationale Sicherheitsrat (National Security Council – NSC) die Lage in Kuba und traf die Entscheidung, dass nach Wegen zu suchen sei, um eine andere Regierung in Kuba an die Macht zu bringen. Das war der frühe Ausgangspunkt für eine Kette von Angriffen auf die kubanische Revolution, die bis heute anhalten. Akteure dieser Angriffe sind sowohl die Regierung der USA, ihre Geheimdienste als auch die Gemeinde aggressiver Exilkubaner und ihrer Terrororganisationen, die vorwiegend in Florida stationiert sind. Präsident Eisenhower autorisierte die CIA, kubanische Exilanten (vor allem die Schergen und Anhänger des Batista-Regimes) für Terrorakte gegen die kubanische Revolution zu organisieren, zu finanzieren und sie auszubilden und auszurüsten.

So explodierten am 28. September 1959 während einer Rede Fidel Castros etwa 50 Bomben in verschiedenen Straßen

Havannas, was Fidel Castro mit den Worten: »Wir brauchen in jeder Straße einen Revolutionär, der die Revolution verteidigt« kommentierte. Aus dieser Überlegung entstanden die »Komitees zur Verteidigung der Revolution« (CDR), die durch Wachsamkeit derartige Anschläge verhindern wollten. Nur einen Monat später verlegten sich die Aggressoren darauf, die kubanischen Zuckerrohrfelder mit Brandbomben zu vernichten.

Am 4. März 1960 wurde das Schiff »La Coubre« durch die Zündung von zwei Bomben zerstört. Dabei starben 101 Menschen und mehr als 200 wurden verletzt. Besonders hinterhältig war es, dass die zweite Bombe eine Stunde später als die erste explodierte. Zu diesem Zeitpunkt befanden sich bereits zahlreiche Feuerwehrleute, Polizisten und Sanitäter an Bord.[26]

Im Oktober 1960 verhängte die Eisenhower-Regierung eine totale Wirtschaftsblockade gegen Kuba, die bis heute aufrechterhalten und weiter verschärft wird.

Auch nach der vernichtenden Niederlage der Exilkubaner unter amerikanischer Führung in der Invasion in Playa Girón [Schweinebucht] im April 1961 wurden die Terrorakte nie eingestellt, sie wurden im Gegenteil stark ausgeweitet. Am 4. November 1961 fand ein geheimes Treffen im Weißen Haus statt, bei dem Robert Kennedy forderte, die Lage in Kuba durch Spionage, Sabotage und öffentliche Unruhen, die von Kubanern ausgehen sollten, weiter anzuheizen. Bei diesem Treffen wurde der Subversionsspezialist, Generalmajor der Luftwaffe Edward Lansdale, zum Leiter der Geheimoperationen gegen Kuba ernannt. Die Gesamtheit der Operationen erhielt die Tarnbezeichnung MONGOOSE. Die Geheimaktivitäten sollten an sechs Fronten – Politik, Wirtschaft, Psychologie, Militär, Sabotage und

---

26 *Cuba, la historica no contada*, Editorial Captain San Luis, 2006

Nachrichtendienst – gleichzeitig und mit höchster Effektivität durchgesetzt werden. Das Hauptquartier der Operation, die CIA-Station in Miami, wurde zur größten Operationsbasis der CIA mit über 300 Mitarbeitern und einem Jahresetat von 50 Millionen US-Dollar ausgebaut.

Ab 1968 wurde der Terror gegen Kuba im so genannten »Krieg auf den Straßen der Welt« internationalisiert. Der bekannte US-amerikanische Publizist Noam Chomsky sagte 1996: »Wahrscheinlich war Kuba häufiger Ziel des internationalen Terrorismus als der Rest der Welt zusammengenommen.« Einige solcher widerwärtigen Aktionen:

1971 wurde im Auftrag der CIA ein Erreger des Rotlaufs, einer Schweinekrankheit, eingeschleppt, worauf Kuba eine halbe Millionen Schweine schlachten musste.

1981 führte laut dem Exilkubaner Eduardo Arocena, Leiter der Terrorgruppe »Omega7«, ein Mitglied seiner Organisation im Auftrag der CIA nach seinen eigenen Worten »some germs« [einige Krankheitserreger] ein, worauf das Dengue-Fieber ausbrach, an dem 158 Menschen starben, davon 101 Kinder. Insgesamt hatten sich 344 203 Personen angesteckt. Obwohl er diese Aussage vor Gericht machte, als im September 1984 wegen des Mordes am kubanischen Diplomaten Felix García gegen ihn verhandelt wurde, ist niemand je dafür zur Rechenschaft gezogen worden.[27]

Eine der schlimmsten Aktionen war die Sprengung eines kubanischen Zivilflugzeuges am 6. Oktober 1976 mit 73 Toten, darunter die komplette kubanische Juniorenfechtmannschaft.

Die Anstifter dieser Aktion, Orlando Bosch Ávila und Luis Posada Carriles, wurden in Venezuela verhaftet und verurteilt. Orlando Bosch gelang am 18. Februar 1988 die Flucht in

---

27 *CUBA 1959 to 1980s, The unforgivable revolution*, excerpted from the book, *Killing Hope by William Blum*, Covert Action Information Bulletin (Washington), No. 22, Fall 1984, p. 35; the trial of Eduardo Victor Arocena Perez, Federal District Court for the Southern District of New York, transcript of 10 September 1984, pp. 2187-89

die USA. Er ging nach Miami, obwohl auch in den USA Haftbefehle gegen ihn vorlagen, und wurde dort verhaftet. Sein Freund Jeb Bush, Bruder des jetzigen und Sohn des damaligen Präsidenten, intervenierte bei seinem Vater, der Bosch am 14. Oktober 1990 amnestierte. Bosch lebt seitdem als freier Mann in Miami. Er hat sich nie von seinen Terrorakten distanziert, sondern tritt immer wieder in der Öffentlichkeit auf und verteidigt Gewaltakte gegen Kuba. Darum wurde in den 1990ern Fernando González Llort, einer der »Cuban Five«, unter dem Decknamen Ruben Campa damit beauftragt, ihn zu beschatten und die kubanischen Behörden von Boschs Plänen zu unterrichten.

Fernando González wurde für die Observierung dieses Menschen mit 19 Jahren Zuchthaus bestraft. Seine einzigen Straftaten nach US-Recht waren die Nichtregistrierung als ausländischer Agent und die Annahme einer falschen Identität.

(Für eine ausführliche Biographie Posadas siehe Seite 75ff.)

Als mit dem Zusammenbruch des sozialistischen Lagers in Europa Kuba über 80 % seiner Märkte wegbrachen, setzte in Florida hektisches Kofferpacken ein. Jeb Bush, der Bruder von George W. Bush, gründete eine Aktiengesellschaft, die den Verkauf kubanischer Grundstücke betrieb. Kuba versuchte, dem drohenden Kollaps durch den Ausbau des Tourismus zu begegnen, der schon Mitte der achtziger Jahre eingesetzt hatte. Folgerichtig wurden in den folgenden Jahren immer häufiger touristische Einrichtungen Ziel von Anschlägen.

Zu dieser Zeit begann Kuba damit, eigene Aufklärer in die terroristischen Organisationen in Miami einzuschleusen. Durch die Arbeit dieser Aufklärer, die im »Red Avispa« [Wespennetz] zusammengeschlossen waren, gelang es immer häufiger, Anschläge in Kuba rechtzeitig aufzudecken.

Insgesamt sind 170 geplante Anschläge, die durch dieses Netzwerk verhindert wurden, belegbar. Darunter fallen in mindestens 16 Fällen illegale Einreisen/Anlandungen von mehr als 30 Terroristen, ausgerüstet mit Waffen und Sprengstoff, mehr als 15 Terrorangriffe gegen Hotels und andere touristische Einrichtungen. In einigen Fällen sahen sich US-amerikanische Behörden (FBI und Coast Guard) zum Eingreifen veranlasst. Die festgesetzten Terroristen kamen sofort wieder frei, ihre Ausrüstungen wurden in der Regel beschlagnahmt.[28]

Fünf der Mitglieder des »Red Avispa«, nämlich Gerardo Hernández, Ramón Labañino, Antonio Guerrero, Fernando González und René González sind heute unter der Bezeichnung »Cuban Five« oder auch »Miami Five« international bekannt.

Wer sind die »Cuban Five«? · Ein Blick auf ihre Lebensläufe.

Gerardo Hernández Nordelo wurde am 4. Juni 1965 als dritter und jüngster Sohn des inzwischen verstorbenen Gerardo Hernández Martí und der Carmen Nordelo Tejera geboren. Seine gesamte Kindheit verbrachte er in Vibora einem Vorort von Havanna. Er besuchte die nahegelegene Volkschule, wo er mehrere Auszeichnungen für seine Tätigkeiten bei den Jungen Pionieren, Kubas Kinderorganisation, erhielt.

Er schloss seine Ausbildung, während der er verschiedene Aufgaben übernahm, an der Junior Hochschule als einer der Besten seiner Klasse ab. 1980 begann er sein Hochschulstudium und wurde zum Delegierten der FEEM, des Verbandes der Hochschulstudenten, gewählt. In der elften Klasse wurde er zum Mitglied des Gemeinderates der FEEM gewählt.

---

28 Vgl.: Ausführliche Auflistung unter:
http://www.miami5.de/informationen/wespennetz.html

Zwischen 1983 und 1989 studierte Gerardo am Höheren Institut für Internationale Beziehungen und schloss mit ausgezeichneten Ergebnissen ab. Während seines Universitätsstudiums beteiligte er sich an Amateurfestspielen der Nationalen Studenten Union (FEU) in einer Theatergruppe und als Karikaturist.

1988 heiratete er Adriana Pérez O'Connor, eine Chemieingenieurin und Spezialistin am Forschungsinstitut für Nahrungsmittelindustrie. 1989 nahm er an einer internationalen Mission in Angola teil, wobei er sich mehrere Medaillen und Auszeichnungen für Tapferkeit erwarb.

Anfang der 1990er Jahre ging er in die Vereinigten Staaten, um sich an der »Mission gegen den Terror« zu beteiligen. In dieser Zeit arbeitete er als Graphiker.

Ramón Labañino Salazar wurde am 9. Juni 1963 als Sohn der inzwischen verstorbenen Nereyda Salazar Verduy und des Olmes Labañino Castillo in der Gemeinde Marianao, Havanna, geboren. Er besuchte die Volksschule in der Gemeinde La Lisa.

Zwischen 1973 und 1976 setzte er seine Studien an der Osvaldo Sánchez Junior Hochschule fort, wo er auch Aufgaben übernahm, wie die Unterrichtung in Sport und Entspannungsübungen.

Von 1976 bis 1979 besuchte er die Hochschule in der Gemeinde Mariano, wo er sich mehrere Auszeichnungen wegen hervorragender Leistungen erwarb. Außerdem begann er, sich aktiv politisch zu betätigen.

Zwischen 1980 und 1986 vollendete er seine akademische Ausbildung an der Universität Havanna, insbesondere in Ökonomie, worin er sein Examen mit Auszeichnung bestand.

Zu Beginn der 1990er Jahre ging er in die Vereinigten Staaten, um konterrevolutionäre Gruppen in Miami zu unterwandern. Bis zu seiner Entdeckung bestritt er seinen

Lebensunterhalt in Florida als Pharmareferent und Schuhverkäufer.

Im Juni 1990 heiratete Ramón Elizabeth Palmero Casado, eine in englischer Sprache und Literatur graduierte Angestellte beim Außenministerium. Sie haben zwei gemeinsame Töchter.

Antonio Guerrero Rodríguez wurde am 18. Oktober 1958 in Miami geboren. Wenige Tage nach dem Sieg der Revolution kehrten seine Eltern 1959 nach Kuba zurück.

Er graduierte an der Technischen Universität Kiew als Ingenieur für den Bau von Landebahnen. Die Vergrößerung des Flughafens von Santiago de Cuba war die wichtigste Arbeit, an der er beteiligt war.

In den 1990er Jahren ging er in die USA und verrichtete dort zunächst Gelegenheitsarbeiten. Schließlich bekam er eine Stelle auf dem Flughafen von Cayo Hueso. Dort lernte er auch die US-Amerikanerin Margaret Béquer (Maggy) kennen, die er 1998 heiratete.

Sie erfuhr erst nach seiner Verhaftung, dass Antonio gleichzeitig terroristische Gruppen in Miami unterwandert hatte und die gewonnenen Informationen nach Kuba weitergab. Sie hat ihn im Gefängnis moralisch und materiell unterstützt und an der Veröffentlichung seiner Gedichte gearbeitet. Antonio hat eine beträchtliche Anzahl von Gedichten geschrieben. Eine Auswahl davon wurde unter dem Titel »Desde Mi Altura« (Von meiner Höhe aus) veröffentlicht. Er hat zwei Söhne.

Fernando González Llort wurde am 18. August 1963 als Sohn von Magali Llort Ruiz und Fernando Rafael González Quiñones in Havanna geboren. Er hat zwei Schwestern, Martha und Lourdes.

Er graduierte am Institut für Internationale Beziehungen des Außenministeriums »Raúl Roa García« mit einem goldenen Diplom.

In den Jahren 1987 bis 1989 diente er bei einer Panzerbrigade in Angola, wo er mit der Medaille »Internationalistischer Kämpfer« ausgezeichnet wurde.

In der zweiten Hälfte der 1990er Jahre ging er nach Florida, um dort terroristische Gruppen zu überwachen und Informationen über deren geplante Aktionen nach Cuba zu übermitteln. Insbesondere beobachtete er die Aktionen von Orlando Bosch und dessen Organisation CORU.

Er ist mit Rosa Aurora Freijanes Coca verheirat. Sie hat Betriebswirtschaft studiert und arbeitet in der Finanzverwaltung eines großen Unternehmens.

René González Sehwerert wurde am 13. August 1956 in Chicago geboren. Seine Eltern, Cándido René González Castillo und Irma Teodora Sehwerert kehrten am 6. Oktober 1961 mit ihren beiden Söhnen René und Roberto nach Kuba zurück.

René begann seine Schulzeit in der José-Martí-Schule in Santa María del Mar, östlich von Havanna, mit zufriedenstellenden Ergebnissen. 1968 wurde er zur Militärschule in Baracoa, westlich von Havanna zugelassen. Aber wegen gesundheitlicher Probleme konnte er das harte akademische Programm des Instituts nicht fortsetzen.

Er begann 1972 in der höheren Schule und trat 1973 in ein Arbeiterkontingent ein, in dem er an einem speziellen Hochschulkurs für Arbeiter teilnahm. 1973 und 1974 unterrichtete er als Lehrer.

Obwohl er an seiner US-Staatsbürgerschaft festhielt und daher berechtigt war, sich von vaterländischen Aufgaben freistellen zu lassen, bewarb er sich 1974 für den Wehrdienst. Er wurde zum Panzerführer ausgebildet und Anfang 1977, nach Beendigung seines Militärdienstes, wurde er für eine internationalistische Mission in Angola zugelassen. 1979 beendete er seine Mission, während der er für seine

Tapferkeit ausgezeichnet wurde. Zwischen 1979 und 1982 studierte er an der Carlos-Ulloa-Flugschule, wo er zum Piloten ausgebildet wurde. Er arbeitete bis 1985 als Fluglehrer, wurde Geschwaderchef und Chef des Sportflugsektors. Ende 1990 ging er in die Vereinigten Staaten. In Miami gelang ihm der Zugang zu verschiedenen konterrevolutionären Organisationen, die das Territorium der USA für die Organisation und Durchführung von Terroraktionen gegen Kuba nutzten, mit dem Ziel, eine militärische Konfrontation zwischen beiden Ländern zu provozieren. Seinen Lebensunterhalt bestritt er als Fluglehrer.

Seine Frau Olga Salanueva Arango folgte ihm 1997 gemeinsam mit ihrer Tochter Irma González Salanueva in die USA. 1998, wenige Monate vor seiner Verhaftung wurde das jüngste Familienmitglied, Ivette González Salanueva in den USA geboren.

»Die Gesellschaft, in der ich heranwuchs, [...] wird den Terrorismus besiegen.« · Ein Brief von René

Für die kubanischen Kinder der 60er Jahre waren die mit Sabotagen, Attentaten, Aggressionen und Morden verbundenen kriminellen Terroranschläge wie isolierte Ereignisse, die bei uns abgeschwächt ankamen, inmitten des Enthusiasmus, der Leidenschaft und des Patriotismus, womit die Generation unserer Eltern sich in den Aufbau jener Gesellschaft einbrachte. Wir waren keinen grellen Farben ausgesetzt. Unsere Straßen wimmelten nicht von mit ihrer Präsenz prahlenden schwerbewaffneten Polizisten. Man bombardierte uns nicht ständig mit der terroristischen Bedrohung. Wenn ein Volk an der Macht ist, organisiert es sich und stellt sich dem Terrorismus mit Geistesgegenwart. Es braucht keine Manipulation.

Aber offensichtlich ist es unmöglich, jemanden vollständig von seiner Umgebung zu isolieren, selbst, wenn es sich um ein Kind handelt. Da kann man an Tagen mit guter Sicht vor dem Malecón in Havanna das Mutterschiff »Rex« beobachten, das wie ein Aasgeier an der Grenze der Hoheitsgewässer darauf wartet, dass die Nacht hereinbricht, um seine Unterwanderungsoperationen zu starten. Eines Tages erwachten wir mit der Nachricht, dass ein Hotel von einem Schiff aus bombardiert worden war, ohne dass ich mir vorstellen konnte, dass ich 30 Jahre später José Basulto in Miami kennen lernen würde, den, nach wie vor in terroristischen Aktivitäten verwickelten, Urheber.

Mit der Zeit musste sich meine Generation der Aufgabe stellen, sich dem Kampf gegen den Terrorismus anzuschließen.

In den 70er Jahren tat es mein kaum erwachsener Bruder, der zu einem Freiwilligenkorps gehörte, das man mit der Absicherung von Kinos beauftragte.

Dessen Aufgabe bestand darin, sich wie irgendwelche Zuschauer im Saal zu verteilen und durch Beobachtung des Raumes sicherzustellen, dass keine Sabotagehandlungen durchgeführt würden.

Ein um's andere Mal meldete mein Bruder nach seiner Rückkehr »wieder eine Bombendrohung«. Der Befehl lautete immer: »Hier darf keine Bombe explodieren« und »wir werden keine Vorstellung streichen«. Und den Befehl befolgte man. Und die Vorstellung wurde gegeben.

Wenn man ein Volk 45 Jahre lang dem Terror aussetzt, lernt es, mit seinen Gefühlen zu leben. Mit negativen und positiven: Bewunderung für die entführten Fischer, die nach ihrer Rettung mit der kubanischen Fahne ihres Schiffes zurückkehrten; gesunder Neid auf die Jungen der Mittelstufe, die unter Einsatz ihres eigenen Lebens etliche Kinder aus dem in einem Kindergarten gelegten Feuer retteten. Solidarität mit den Nachbarn von Casilda oder Boca de Samá [zwei Orte an der kubanischen Nordküste, Anm.d.Ü.], die mit

Maschinengewehren von in Florida registrierten Schiffen aus beschossen worden waren. Wut wegen des jungen Mädchens, dem, während es in seinem Elternhaus saß, sein Bein von so einer Kugel abgerissen wurde. Gemeinsames und bei den Männern verborgenes Weinen, das den Opfern des Flugzeuges gilt, das in Barbados zur Explosion gebracht worden war.

Deshalb hatte ich, als der Moment gekommen war, keine Bedenken, nach Miami zu gehen und in dieser Brutstätte diejenigen zu bekämpfen, die Kuba so viele Jahre lang mit einer brutalen und hochterroristischen Kampagne überzogen hatten.

Und – inmitten der Mission – der Kampf der eigenen Gefühle! Wie diskutierst du den Abschuss einer Ladung Sprengstoff aus einem Flugzeug auf dein Heimatland oder das Eindringen in dessen Luftraum, um Sabotage zu begehen, ohne Deinen Widerwillen zu verraten? Wie soll man ungerührt hinnehmen, dass ein bestechlicher Richter einen Mörder freilässt, der eine Familie in Kuba in Trauer versetzt hat? Wie nicht explodieren angesichts der Verleumdung von vier Jugendlichen dort, die bei dem fehlgeschlagenen Versuch, ein Schiff zu entführen, ermordet wurden? Wie zusammen leben in einer euphorischen Umgebung, während du im Stillen nach Antworten suchst wegen der Explosionen in unseren Hotels, die das wertvolle Leben eines jungen Italieners beendeten? Wie das verbrecherische Schweigen der Massenmedien verstehen, die taub und blind sind für die Geschichte des Terrorismus gegen Kuba?

Wie? Wie?! – Nicht platzen vor Empörung, wenn die nordamerikanische Regierung nach 45 Jahren Terrorismus gegen mein kleines Land jede Art von Zynismus überbietet, indem sie mein Land auf eine Liste der Länder setzt, die den Terrorismus begünstigen?

Obwohl es so ist, fühle ich mich nicht unbefriedigt. Ich hoffe, dazu beigetragen zu haben, die Unschuld vieler Kinder zu retten und die Kinder von heute vor den schlechten psychologischen Folgen der Terrorakte bewahrt zu haben. Das war es, das mich bewog, dabei zu sein. Mich befriedigt es, daran zu denken, dass sie ohne Trauma aufwachsen, damit sie die gesunde Gesellschaft weiter ausgestalten können, die unsere Eltern uns übergaben und verteidigten.

Ich kann weder für die Verwandten derer sprechen, die zusammen mit den Vielen bei dem Verbrechen von Barbados niederträchtig ermordet wurden, noch für die Kinder der ermordeten Fischer, noch für den strahlenden und intelligenten Jungen, den ich kennen lernte, dessen Leben durch die Vergiftung des Wassers in seinem Kindergarten beeinträchtigt wurde, noch für die Eltern der 101 Kinder, die der Einschleppung des blutigen Dengue-Fiebers zum Opfer fielen, nicht für die Mutter des jungen Offiziers, dessen Mörder die Sympathie des bestechlichen Richters gewann, noch für die Jugendliche, deren Bein abgerissen wurde, noch für die Verwandten der Hunderten bei der Sabotage auf der »La Coubre« ermordeten Arbeiter.

Ich hoffe, obwohl sie es logischerweise sein müssten, dass sie nicht traumatisiert sind. Ich hoffe, obwohl sie jedes Recht auf Hass haben, dass sie nicht hassen. Ich hoffe, dass inmitten des Terrorismus, des wirtschaftlichen und psychologischen Krieges und inmitten der Aggressionen jeglicher Art, wir die Absicht, für sie eine hinreichend gesunde Gesellschaft zu errichten, erfolgreich weiterverfolgen.

Diese Gesellschaft, in der ich heranwuchs und der ich es verdanke, vor so schädlichen Gefühlen wie dem Hass bewahrt worden zu sein, wird den Terrorismus besiegen, der nichts anderes ist als erklärter Hass. Und sie wird ihn besiegen mit ihren enormen Reserven an Moral, Solidarität und Liebe.

Mit Hochachtung und Zärtlichkeit;
gez. René González Sehwerert

Internationale Solidariät

Die Mitglieder der deutschen Cuba-Solidaritätsgruppen erfuhren von den Fünfen zum ersten Mal offiziell von den kubanischen Delegierten auf dem Euro-Cuba-Solidaritäts-Kongress in Berlin am 6. Juni 2001. Dort ging unter uns auch eine Resolution mit Unterschriftenliste zur Rehabilitierung der Fünf um. Aber wir merkten auch, dass die Sache kontrovers diskutiert wurde und nicht alle Anwesenden unterschrieben. Als Argument gegen die Unterschrift hörten wir z. B.: »Das sind ›Spione‹, die müssen ihr Risiko selber tragen.«

Tatsächlich waren ja drei von ihnen unter falschem Namen aufgetreten, Ramón als Luis Medina, Fernando als Ruben Campa und Gerardo als Manuel Viramontes. Diese drei hatten als gebürtige Kubaner keinen US-Pass und gaben ihre wahre Identität erst am ersten Gerichtstag preis. Und alle Fünf hatten insofern gegen das dubiose US-amerikanische Gesetz verstoßen, als sie sich nicht als »Agenten einer ausländischen Macht« registrieren lassen hatten. Darauf steht in den USA laut Aussage von Paul McKenna, 5 Jahre und laut Leonard Weinglass kann darauf sogar bis zu 10 Jahren Gefängnis stehen. In den meisten Fällen würden diese Leute jedoch abgeschoben.

Die Vorgeschichte macht aber auch deutlich, warum sich die Fünf nicht bei den Behörden von Miami als Agenten Kubas registrieren lassen konnten. Da die Massenmedien den Fall beharrlich verschwiegen, war es jedoch schwierig, sich Informationen darüber zu beschaffen.

Bei dem Euro-Cuba-Solidaritäts-Kongress in Thessaloniki im Oktober 2001 erfuhren wir, dass sich die Belgier von Iniciativa Cuba socialista schon sehr für die Veröffentlichung des Falles der fünf Kubaner einsetzten.

Der ebenfalls dort anwesende Vertreter der britischen Cuba Solidarity Campaign, Steve Wilkinson, ist danach auch sehr aktiv für die Fünf eingetreten, wie wir z. B. aus seinem Interview mit Radio Havana im Dezember 2002 entnehmen konnten. Seiner Gruppe ist es zu verdanken, dass sich endlich Amnesty International für die Gefangenen und sich mit dem Brief an US-Justizminister John Ashcroft vom 2.12.02 vor allem für deren Besuchsrecht von Familienangehörigen im Gefängnis einsetzte. Die britische Gruppe schaffte es auch als eine der ersten, Paul McKenna zusammen mit Olga Salanueva nach Großbritannien einzuladen und daraufhin Parlamentarier zur Unterstützung der Fünf zu gewinnen.

Im April 2002 wurde auf der Jahreshauptversammlung des Cuba-Netzwerks in Düsseldorf mit Unterstützung der Gäste aus Camagüey, Kuba, eine Arbeitsgruppe gebildet, die sich des Falles der Fünf annahm. Nun berieten wir in einem Kreis von 8-10 Leuten, was zu tun sei. Es stellte sich heraus, dass die Freundschaftsgesellschaft BRD-Kuba schon ein Flugblatt über den Fall der Fünf erstellt und erwogen hatte, den Fall durch Zeitungsanzeigen bekannt zu machen.

Die Kubaner erinnerten an den Fall Elián und daran, wie sich die amerikanische Öffentlichkeit laut den entsprechenden Umfragen schließlich zu 80% für die Rückführung des Kindes zu seinem Vater nach Kuba ausgesprochen habe und plädierten dafür, die Öffentlichkeit in ähnlicher Weise für die »Cuban Five« zu gewinnen. Sie schlugen vor, Persönlichkeiten des öffentlichen Lebens über den Fall aufzuklären, damit diese sich in den Medien für die Fünf einsetzten. Obwohl alle Anwesenden von der Unschuld der Fünf überzeugt zu sein schienen, ebenso wie von der Notwendigkeit, dass Kuba sich gegen die fortgesetzten Terroranschläge hatte verteidigen müssen, war uns nicht klar, wie wir die Medien in Deutschland für fünf erwachsene Männer gewinnen sollten, die ausgerechnet in einer der letzten Enklaven des Sozialismus, nämlich in Kuba, bereits als Helden gefeiert wurden, dessen System besonders in den westlichen Medien als »Diktatur« dargestellt wird.

Ja – ein Kind wie Elian, das kann die Öffentlichkeit rühren, zumal dann, wenn seine angeblichen Interessenvertreter, die selben, die auch die Verhaftung der Fünf bewirkt und den Prozess gegen die Fünf zu deren Ungunsten manipuliert hatten, es rücksichtslos in die Öffentlichkeit zerren und seine Situation im Angesicht der Medien schamlos missbrauchen. Aber offensichtlich hatten die maßgeblichen Organisationen in Miami ihre Taktik jetzt geändert. Sie hatten über den Fall der Fünf Schweigen verhängt und benutzten ihren mächtigen Propagandaapparat stattdessen nur, um das »Castro-Regime« weiter zu diskriminieren. Damit, so hofften sie wohl nicht zu Unrecht, würden den Fünfen als dessen Beauftragten automatisch der Boden für ihre eigene Rehabilitation entzogen.

Unsere Ratlosigkeit wird nicht untypisch für viele Kuba-Solidaritätsorganisationen auf der Welt gewesen sein. Niemand von uns kannte solche Prominente persönlich, die bereit gewesen wären, sich in der Öffentlichkeit für Kubaner einzusetzen, die in den USA verhaftet und verurteilt worden waren, dem Land unserer engsten Verbündeten, dem Muster an »Democracy«, der »Siegermacht« nach dem Zusammenbruch der Sowjetunion, dem Land, dem der Westen laut öffentlicher Meinung nach dem II. Weltkrieg seine Befreiung vom Nationalsozialismus maßgeblich zu verdanken und deren Marschall-Plan Westdeutschland zu Wohlstand verholfen hatte. Dennoch versprachen wir in Düsseldorf den Freunden aus Camagüey, unser Bestes zu tun.

Als erste Geste schrieben die Veranstalter zum Abschluss der Jahreshauptversammlung des Cuba Netzwerks einen Brief an alle Fünf, der sicher von allen Teilnehmern unterschrieben wurde.

Danach richteten einige der Teilnehmer persönliche Briefe an die Fünf, woraus sich regelrechte Brieffreundschaften entwickelten.[29]

»¡Basta Ya!« mit Starthilfe aus Belgien · Alle deutschen Interessenten erhielten bei einer Demonstration in Brüssel die Einladung, auf die nächste, für Oktober geplante Che-Presente-Konferenz in Brüssel zu kommen, zu der auch Rodolfo Davalos, der kubanische Juraprofessor und Delegierte in Sachen der Fünf und Gloria La Riva, die Koordinatorin der US-Kampagne, »Free the Five«, eingeladen waren. Das belgische Komitee stellte uns auch seine Broschüre, »Kuba – eine andere Welt ist möglich« zur Übersetzung ins Deutsche zur Verfügung, die auf übersichtliche und leicht verständliche Weise, den kubanischen Kontext berücksichtigend, die wichtigsten Informationen über den Fall der Fünf enthielt.

Auf dem Pan-Europäischen-Cuba-Solidaritätskongress in Wien vom 20.–22. September 2002 unterschrieben dessen Teilnehmer einen »Europäischen Brief an das US-amerikanische Volk und den US-Kongress« zugunsten der Fünf, der im wesentlichen von Marc Vandepitte verfasst worden war.

Am 10. Oktober 2002 folgte dann eine Gruppe von vier Deutschen der Einladung der Belgier zu »Che Presente«. Sie konnten dort persönlichen Kontakt mit Rodolfo Davalos und Gloria La Riva aufnehmen und sich über die Vorgehensweise zugunsten der Fünf beraten lassen. Einige von uns hatten bisher schon Unterschriften für eine Petition zugunsten der Fünf gesammelt und sie an die US-Botschaft in Deutschland geschickt, einmal sogar eine Antwort erhalten, man solle sich an den Gouverneur von Florida Jeb Bush wenden – ein aussichtsloses Unterfangen. Gloria und Rodolfo rieten uns, unsere Unterschriftensammlungen an das Koordinationsbüro von »Free the Five« in San Francisco zu schicken. Dort würden sie gesammelt und dann an die Anwälte der Fünf weitergegeben, die sie dann bei den anstehenden

---

29 Vgl.: Briefe unter »Los Cinco«: http://www.miami5.de/loscinco.html

Berufungsverhandlungen als Dokumentation der Solidarität aus aller Welt mit den Fünfen vorlegen würden.

Am 14. Dezember 2002 wurde das deutsche Komitee ¡Basta ya! zur Befreiung der fünf kubanischen politischen Gefangenen in den USA unter der Schirmherrschaft des Kuba-Netzwerks in den Räumen des DGB-Hauses in Köln gegründet.[30]

Die Rechtsanwälte Schultz und Reimers unterstützten uns mit ihrem »Aufruf zur Unterstützung der Verteidigung der fünf kubanischen politischen Gefangenen«[31].

Die ersten Komitees zur Befreiung der Fünf waren bereits in Kuba selbst und in den USA gegründet worden. Zur Zeit unserer Gründung gab es entsprechende Komitees in mindestens 36 Ländern der Welt.

Im Januar 2003 war Rodolfo Davalos zur Rosa-Luxemburg-Konferenz in Berlin eingeladen worden und konnte sowohl auf der Konferenz als auch zu mehreren anderen Gelegenheiten über den Fall der fünf Kubaner und das US-Rechtssystem sprechen.

Durchbrechung der Informationsblockade · Am Rande des Sozialforums in Porto Alegre, Brasilien, im Januar 2003, beschlossen Gloria La Riva und Claudia Camba, Koordinatorin des argentinischen Komitees zur Befreiung der Fünf, zu versuchen, eine ganzseitige Anzeige in der New York Times aufzugeben, die auf der Titelseite 100 000 $ kosten würde, um damit die Mauer des Schweigens über den Fall der Fünf seitens der Medien zu brechen.

Sie riefen zu einer Sammelaktion bei den Komitees der ganzen Welt auf. Im Januar 2003 gab es bereits 160 Komitees

---

30 Vgl.: *Kölner Erklärung*
   unter: http://www.miami5.de/informationen/erklaerung_k14_12_02.html
   und Grußbotschaften zur Gründungsfeier,
   sh. unter: http://www.miami5.de/informationen/gruss_14_12_02.html
31 Vgl.: »*Aufruf* ...« unter: http://www.miami5.de/informationen/ver_ebe_001.html

in der ganzen Welt, allerdings auch in den sehr armen Ländern Afrikas. Aber: »Wenn nur 100 Komitees jeweils 1 000 $ spendeten, dann wäre es zu schaffen.«[32] Abgesehen davon, dass wir überrascht waren, dass man in den USA die Titelseite einer so renommierten Zeitung wie New York Times kaufen könne, waren wir skeptisch, ob man das Interesse der US-Bevölkerung für den Fall der Fünf auch kaufen könne. Doch es schien den Versuch wert.

Das deutsche Komitee begann zu sammeln. Unsere Sammelaktion für die Anzeige in der New York Times fand bei der Zehnjahresfeier des Netzwerks am 31. Mai wirksame Unterstützung, als der US-Amerikaner James Cockcroft in Vertretung von Leonard Weinglass eine flammende Rede zugunsten der Fünf hielt und sich für die Finanzierung der Anzeige aussprach, gefolgt von dem stellvertretenden Vorsitzenden der kubanischen Nationalversammlung Jaime Crombet und von Katrien Demuynck.

Die nächste größere Gelegenheit für unsere Sammelaktion war das UZ-Pressefest im Juni 2003 in Dortmund, zu dem Adriana Pérez, die Ehefrau von Gerardo, in Vertretung der Fünf eingeladen worden war.

Als Adriana Pérez die »Cuban Five« auf dem UZ-Pressefest im Revierpark, Dortmund, vertrat, war sie gerade 33 Jahre alt und hatte ihren Ehemann schon seit fast fünf Jahren nicht mehr gesehen. Ein einziges Mal war ihr die Einreise 2002 in die USA mit der Aussicht, Gerardo im Hochsicherheitsgefängnis in Lompoc, Kalifornien, besuchen zu können, gewährt worden.

Amnesty International hatte an die US-Behörden geschrieben: Wenn »Frau [Adriana] Perez O'Connor, die Ehefrau von Gerardo Hernández Nordelo, auch ein Visum für den Besuch ihres Mannes erhielt, wurde es ihr doch bei der Ankunft am

---

32 Vgl.: Treffen mit Olga Salanueva, der Frau von René González, Havanna, Montag, 3. Februar 2003 unter: http://www.miami5.de/informationen/treff-olga-03.html

internationalen Flughafen in Houston, Texas, am 25. Juli 2002, wieder entzogen. Sie wurde, wie berichtet wurde, eingesperrt, fotografiert, es wurden Fingerabdrücke von ihr genommen, und sie wurde durch das FBI verhört, bevor sie 11 Stunden später außer Landes gewiesen wurde. Es wird behauptet, dass ihr die Erlaubnis verweigert wurde, während ihrer Haft Kontakt mit dem kubanischen Konsul aufzunehmen, trotz der Bemühungen eines Beamten der diplomatischen Interessenvertretung Kubas der Abteilung Washington, der sie in die USA begleitete.« So eine Verweigerung, schreibt ai, stehe »im Gegensatz zu Artikel 36 der Wiener Konvention für Botschaftsangelegenheiten, die die USA mit anderen internationalen Standards ratifiziert hat.« [...]

»19. Eine inhaftierte oder gefangen gehaltene Person soll das Recht auf Besuch und Korrespondenz besonders mit Familienmitgliedern haben. [...]

37. Gefangenen soll unter notwendiger Beaufsichtigung erlaubt sein, mit ihrer Familie und seriösen Freunden in regelmäßigen Abständen zu kommunizieren, sowohl brieflich als auch durch den Empfang von Besuchen.«

Mit diesem Text den Fotos und Daten der beiden Ehefrauen, Olga Salanueva und Adriana Pérez, sammelten wir auf dem UZ-Pressefest zum ersten Mal auch Unterschriften für ihr Besuchsrecht.[33]

Wie später auch Magali Llort, die Mutter von Fernando Anfang September 2003 in Aachen, und Irma Sehwerert, die Mutter von René, zwei Jahre später wieder in Dortmund, trug die zierliche, sehr jugendlich wirkende Adriana den Besuchern des UZ-Pressefestes die Sache der Fünf frei, ruhig, gefasst und ohne jegliche Sentimentalität vor.

---

[33] Brief von Amnesty International vom 2.12.2002 unter:
http://www.miami5.de/informationen/brief_ai.html
Flugblatt mit Unterschriftenliste: http://www.miami5.de/news/besuch+unliste.pdf;

Um das Schweigen über den Fall zu brechen, bat sie um die Unterstützung der Anzeige in der New York Times und auch wieder darum, Persönlichkeiten des öffentlichen Lebens aus allen Berufssparten anzusprechen, wie auch die Fünf aus verschiedenen Berufen kämen und sich zudem künstlerisch betätigten: als Dichter, als Cartoonisten oder Schriftsteller, außerdem seien sie sportlich aktiv gewesen. Wir möchten bitte auch die kirchlichen Würdenträger nicht ausschließen und uns nicht davor scheuen, selbst »el Papa« (damals Papst Johannes Paul II.) zu schreiben.[34]

Mit diesem Auftritt und denen bei der darauf folgenden Rundreise vor verschiedenen Kuba-Solidaritätsgruppen konnte Adriana nicht nur zum weiteren Bekanntwerden der »Cuban Five«, sondern auch erheblich zum Spendenaufkommen für die geplante Anzeige beitragen.

Bis zum Februar 2004 betrug der deutsche Beitrag zur ganzseitigen Anzeige in der New York Times $10.800,35. Wie auch in allen anderen Ländern, hatten nicht die Reichen, sondern eher die mit kleinen Brieftaschen, vor allem Mitglieder aus der Kuba-Solidarität, dazu beigetragen.

Inzwischen war das US-Komitee aber von seinem Vorhaben, die Titelseite der New York Times zu kaufen, abgerückt. Der aus aller Welt gesammelte Betrag, in den auch indische Rupien eingegangen waren, betrug »nur« um die 50.000 $. Er reichte jedoch für eine ganzseitige Anzeige auf Seite 5. Sie war wie folgt überschrieben: »*Join Alice Walker, Noam Chomsky, Ramsey Clark, Cynthia McKinney, Dolores Huerta, Detroit Auxiliary Bishop Thomas Gumbleton, Nobel Peace Prize winner Rigoberta Menchu, National Lawyers Guild, International Association of Democratic Lawyers, and many others in this critical cause of justice*«, dann folgte in großen

---

[34] Vgl. auch: *Mit Mut, Würde und Stolz*,
unter: http://www.miami5.de/informationen/uz-030621.html

Lettern die Frage: »Can you be imprisoned in the United States for opposing terrorism?« und die Antwort: »Yes, if you oppose terrorism in Miami. [...]«.³⁵

Die Anzeige erschien am 3. März 2004 gerade rechtzeitig, nämlich eine Woche vor der ersten Berufungsverhandlung am 10. März in Miami.

Weitere Ergebnisse der Öffentlichkeitsarbeit · Am 9. Juli 2004 zahlten sich zum ersten Mal unsere seit Oktober 2002 begonnenen regelmäßigen Bemühungen um die »Mainstream-Presse« aus. In einem brillanten und umfassenden Artikel unter dem Titel, »Mit Kuba ins Weiße Haus«, hatte Georg Hohmann in der »Süddeutschen Zeitung« präzise und objektiv auf die Verbindungen des US-Präsidenten George W. Bush zu den exilkubanischen Organisationen hingewiesen und in mehreren Absätzen den Zusammenhang zu dem Fall der »Cuban Five« hergestellt.³⁶

Im Mai 2004 veröffentlichte der US-Soziologe James Petras die Idee, die Fünf für den Friedensnobelpreis zu nominieren. Dieser Artikel erschien nur auf Websites wie www.antiterroristas.cu und www.juventudrebelde.cu. Andere Medien hätten ihn seine dafür folgende Begründung nicht ausführen lassen: »Die antiterroristischen Aktivitäten der ›Cuban Five‹ retteten nicht nur Kubanern das Leben, sondern erwiesen auch unabhängigen politischen Führungspersönlichkeiten und Aktivisten, die sich gegen die US-imperialistischen Ambitionen wehren, auf der ganzen Welt einen Dienst.« Er fügte hinzu: »In einem tieferen Sinne

---

35 Deutsche Übersetzung der Anzeige, sh.:
http://www.miami5.de/news/ny_ad_deutsch.html,
Brief des »National Committee to Free the Five« über die Veröffentlichung der Anzeige am 3. März 2004,
sh. http://www.miami5.de/informationen/freunde-040303.html
36 Vgl.: http://www.miami5.de/informationen/sz-040709.html

setzten die ›Cuban Five‹ ihre Freiheit für die Prinzipien der Charta der Vereinten Nationen aufs Spiel – das Recht der Länder auf Selbstbestimmung, das Recht eines Volkes, sich für eine eigene Regierungsform zu entscheiden und das universelle Recht, sich gegen Angreifer von außen zu verteidigen, deren Absicht es ist, ihm seine Gesetze mit Gewalt und Terror aufzuzwingen.«

Dank Internet erreichte James Petras viele Menschen auf der Welt, die sicher dankbar waren, solche klaren Worte, insbesondere von einem US-Intellektuellen, zu lesen. Diejenigen, die verzweifelt gegen die Mauer des Schweigens ankämpften, fühlten sich von seiner glänzenden Idee inspiriert und ermutigt. Immerhin hatte das norwegische Friedensnobelpreiskomitee 1991 Frau Aung San Suu Kyi mit seiner Entscheidung aus dem Gefängnis in Myanmar befreit. Außerdem war bekannt geworden, dass ein norwegisches Mitglied des Komitees in den vergangenen Jahren mehrfach Fidel Castro für den Friedensnobelpreis vorgeschlagen hatte, wofür dieser Mann allerdings von den Gegnern Castros heftig angegriffen worden war. Jedenfalls schafften es die jeweiligen Vertreter dieses Anliegens, sich länderübergreifend miteinander in Verbindung zu setzen, die zur Nominierung von Friedensnobelpreiskandidaten zuständigen Personen anzusprechen und dass die »Cuban Five« tatsächlich Ende Januar 2005 nominiert worden waren. Die Iren gewannen unter den schon seit 2003 an den »Cuban Five« interessierten Mitgliedern ihres Parlaments den Abgeordneten Finian McGrath T.D.[37] Und wir lasen, dass sich die »Southern Cross Brigade« [Brigade Kreuz des Südens] aus Australien und Neuseeland der Kampagne angeschlossen hatte.[38]

---

[37] Vgl.: Nachrichten vom 21. Dezember 2004, http://www.miami5.de/news_04.html
[38] Vgl.: Nachrichten vom 13. Januar 2005, http://www.miami5.de/news_05.html

Graciela Ramirez informierte uns schließlich: Die fünf kubanischen Patrioten sind für den Friedensnobelpreis nominiert worden. Parlamentarier, Akademiemitglieder, Intellektuelle, Juristen, Theologen, Menschenrechtsorganisationen, Gewerkschaften, Berufsverbände, Universitäten, Freiberufler und Nichtregierungsorganisationen in Lateinamerika, in der Karibik, in den Vereinigten Staaten, in Europa und in Afrika haben sie vorgeschlagen.[39] Auch wenn das norwegische Komitee die fünf Kubaner aus den knapp 200 nominierten Personen schließlich nicht auswählte, sondern die International Atomic Energy Agency (IAEA) und ihren Leiter ElBaradei, trug diese Solidaritätskampagne zum weiteren Bekanntwerden des Falles der Cuban Five zumindest unter den vielen der für den Friedensnobelpreis vorschlagsberechtigten ehemaligen Nobelpreisträgern und Geisteswissenschaftlern bei.

Bemühungen um das Bekanntwerden der Rechtsverstöße seitens der US-Regierung innerhalb des europäischen Parlaments · Seit langem hatte es ernsthafte Bestrebungen gegeben, die Mitglieder des EU-Ratsparlaments für den Fall der Fünf zu gewinnen.

Am 8. Oktober 2003 traf sich Adriana Pérez in Brüssel mit Mitgliedern des Europaparlaments. Empfangen wurde sie von den Parlamentsmitgliedern Miguel A. Martínez, einem spanischen Sozialisten und Präsident der Kuba-Solidaritätsgruppe des Europaparlaments, und Pedro Marset, einem Kommunisten von der Vereinigten Europäischen Linken.

Auf dem Treffen der europäischen Kuba-Solidaritätsgruppen vom 20.–21. November 2004 in Luxemburg konnten wir

---

39 Vgl.: Pressemitteilung von Graciela Ramírez, Comite Internacional Por La Justicia Y Libertad De Los Cinco, Ciudad de La Habana,
unter: http://www.miami5.de/informationen/freunde-050228.html

uns auf eine gemeinsame Resolution zugunsten Kubas einigen, in der es zum Schluss heißt, »Wir rufen alle europäischen Regierungen auf, ihren Druck auf die US-Regierung zu verstärken, damit diese die fünf Kubaner freilassen, die zu Unrecht als politische Gefangene in US-Gefängnissen festgehalten werden. Ihr einziges ›Verbrechen‹ bestand darin, dass sie terroristische Aktivitäten gegen Kuba bekämpft haben. Auf diesem Weg fordern wir auch, das Besuchsrecht für die Familienangehörigen zu respektieren.« Es stellte sich dort jedoch heraus, dass eine gemeinsame gezielte Petition zugunsten der Fünf an die EU-Parlamentarier noch nicht möglich war. In der Folgezeit wurden EU-Parlamentarier allerdings immer häufiger angesprochen. Die größten Erfolge hatten bald die Belgier, Iren, Briten und Spanier zu verzeichnen. Aber auch die Arbeit der Deutschen begann irgendwann Früchte zu tragen.

Ende 2006 wurde auf Initiative verschiedener Mitglieder der Vereinigten Europäischen Linken ein Brief an die Kommission für Auswärtige Angelegenheiten des Europaparlaments und die Regionale Delegation für Mittelamerika und Mexiko gerichtet. Der Brief forderte von der Europäischen Union, auf die US-Behörden einzuwirken, dass ein neues Verfahren und die Achtung der Menschenrechte der Fünf und ihrer Familien erreicht werden. Es konnten 187 Europaabgeordnete aus allen politischen Gruppierungen gewonnen werden, die die »Schriftliche Erklärung 0089« zur Weigerung der US-Behörden, den Familienangehörigen von Gefangenen Visa zu erteilen, unterschrieben haben. Von den deutschen Abgeordneten hatten zwölf unterschrieben, davon drei Grüne, zwei Sozialdemokraten und sieben Linke.[40]

Gleichzeitig richteten wir, meist in Einzelinitiativen, Briefe an Bundestagsabgeordnete, kirchliche Würdenträger beider

---

40 Für die Liste der Unterzeichner siehe:
http://www.miami5.de/news/europa.pdf

großen christlichen Konfessionen, auch an den Papst, Künstler, Politiker jeder Couleur, an den US-Justizminister und an das State Department. Letzteres ist zuständig für die Visa-Erteilung an Olga und Adriana. Aus der oben erwähnten Antwort von Zuñiga-Brown, 30.12.2004, geht hervor, mit welcher Begründung die Visa-Anträge der beiden Frauen abgelehnt wurden.

Eine der Begegnungen mit Familienangehörigen · Am 24. November 2004 trafen wir uns mit Angehörigen der Fünf im ICAP [Institut für Völkerfreundschaft] in Havanna. Von den Verwandten der Fünf kamen Mirta Rodríguez, die Mutter von Antonio, Irma Sehwerert, die Mutter von René, Magali Llort, die Mutter von Fernando, Adriana Pérez, die Ehefrau von Gerardo, Olga Salanueva, die Ehefrau von René, Rosa Aurora Freijanes, die Ehefrau von Fernando, und Elizabeth Palmeiro, die Ehefrau von Ramón. Von deutscher Seite waren Frank Schwitalla in seiner Eigenschaft als Vorsitzender des Netzwerk Cuba e.V., sowie Günter Belchaus, Dirk und Josie Brüning vom Solidaritätskomitee anwesend. Alle Frauen machten deutlich, wie sehr sie ihre Ehemänner bzw. Söhne vermissen und deren Situation und damit auch ihre eigene beklagen, weil eben keine baldige Aussicht auf ihre Freilassung bestehe.

Wegen der geringen Aussicht auf eine grundsätzliche oder gar baldige Sinnesänderung der US-Regierung zugunsten Kubas und eines günstigeren Klimas innerhalb der USA für die Anwendung ihrer eigenen Gesetze, das z.B. eine neue gerechte Gerichtsverhandlung an einem neutralen Gerichtsort außerhalb von Miami ermöglichen könnte, legten alle anwesenden Frauen den größten Wert auf die Erlangung bzw. Gewährleistung ihres Besuchsrechts. Graciela Ramírez betonte in diesem Zusammenhang, dass es eines ihrer jetzt angestrebten Ziele sei, hunderttausend Unterschriften für das Besuchsrecht der Mütter und Ehefrauen im Gefängnis zu erlangen.

Wir konnten die genaue Zahl der bis dahin gesammelten Unterschriften nicht nennen, nach der zuletzt aus Berlin genannten Zahl von Mitte Juli 2004, dürften es an die 11 000 gewesen sein. Die meisten davon gelten zunächst »nur« der Befreiung der Fünf, da wir erst seit Adrianas Besuch beim UZ-Pressefest in Dortmund, im Juni 2003, ausdrücklich auch für das Besuchsrecht der Angehörigen der Fünf im Gefängnis sammeln.[41]

---

[41] Vgl.: Ergebnisbericht über unsere Treffen in Havanna in der Zeit vom 27. Oktober – 2. November 2004 (Josie Michel-Brüning) unter:
http://www.miami5.de/informationen/komitee-041124.html;

ANHANG

Die »Brüder zur Rettung«

Am 15. Mai 1991 gründete der bekannte Terrorist José Basulto, ein Söldner während der »Schweinebuchtinvasion« und ausgebildeter CIA-Agent, die »Brothers to the Rescue« (Hermanos al Rescate – Brüder zur Rettung). Er bat Präsident Bush, ihm drei Militärflugzeuge vom Typ 0-2 zur Verfügung zu stellen. Es handelte sich dabei um die Militärversion der Cessna, die auch im Krieg in El Salvador eingesetzt wurde. Die republikanische Kongressabgeordnete Ileana Ross-Lethinen startete eine groß angelegte öffentliche Kampagne, bis die drei Flugzeuge zur Verfügung gestellt wurden. Auf einem Foto zu einem Artikel im Miami Herald vom 19. Juli 1991 zu einem Flug der »Brothers«, bei dem der Herausgeber der Zeitung dabei war, sind deutlich die Buchstaben »USAF« [US Air Force – US-Luftwaffe] zu erkennen.

Die Gruppe besteht aus etwa 25 Personen, überwiegend aus Piloten, kubanischer Herkunft, obwohl auch Nordamerikaner, Argentinier, Venezolaner und andere Nationalitäten dort mitwirken.

Zur Tarnung ihrer wahren Absichten gab sich diese Terrororganisation den Namen »Brüder zur Rettung« und deklarierte als ihr Ziel, möglichen Bootsflüchtlingen vor Kubas Küste helfen zu wollen.

Jedoch von ihrer Gründung an waren die »Brothers« für unzählige Terroraktionen gegen Kuba, von bewaffneten Angriffen über die Einschleusung von Terroristen bis hin zum massenweisen Abwurf von Propagandamaterial mit Aufrufen zum Sturz der Regierung der Republik Kuba verantwortlich.

Dazu einige Beispiele:
- Im Juli 1992 scheiterte der Versuch der »Partido Unidad Nacional Democrática« (PUND) [Nationaldemokratische Einheitspartei], Jorge Rodríguez Macías, alias »Tinguaro« in Kuba einzuschleusen, der wirtschaftliche Ziele in Villa Clara angreifen sollte. Unterstützt wurde er von den »Brothers to the Rescue«, die ihn über die Standorte der US-Coast-Guard informierten, damit er ungestört nach Kuba gelangen konnte.
- Am 18. Mai 1993 wurde der kubanische Luftraum durch ein Flugzeug der »Brothers« mit der Nummer N8447 verletzt.
- Im Mai 1993 planten die »Brothers« die Sprengung eines Hochspannungsmastes nahe San Nicolás de Bari in der Provinz Havanna.
- Im Oktober 1993 forderten die »Brothers« öffentlich dazu auf, Fidel Castro zu ermorden und Gewalttaten gegen Kuba zu begehen. Wörtlich hieß es: »... die Risiken, die damit verbunden sind, werden akzeptiert«.
- Am 17. April 1994 flogen Flugzeuge der »Brothers« in extrem geringer Höhe über Havanna und warfen Rauchbomben ab. In den folgenden Monaten beging dieselbe Gruppe mindestens sieben ähnliche Verletzungen des kubanischen Luftraums (u. a. Abwurf von Flugblättern, die zum Sturz der kubanischen Regierung aufriefen).
- Am 13. Juli 1995 drangen, organisiert von den »Brothers«, elf Schiffe, sechs Kleinflugzeuge und zwei Helikopter in kubanische Gewässer bzw. in den kubanischen Luftraum ein. Eines der Flugzeuge warf über dem Zentrum von Havanna Propagandamaterial ab.
- Die US-amerikanische Luftfahrtbehörde FAA (Federal Aviation Administration) warnte zwischen dem 7. Juli und 13. Oktober 1995 José Basulto sieben Mal vor »ernsthaften Konsequenzen«, wenn die Gruppe weiterhin kubanischen

Luftraum verletzt. Kuba hatte erklärt, dass seine Grenzen auch in der Luft verteidigt werden.[42]
- Am 9. Januar 1996 starteten drei Kleinflugzeuge in Opa-Locka, Florida, dem Standort der Flugzeuge der »Brothers«, und verletzten kubanischen Luftraum nördlich von Guanabo und dem Strand von Santa Maria del Mar und warfen Propagandamaterial ab. Das Gleiche vollzog sich an der Küste Havannas. Tage danach, am 13. Januar des gleichen Jahres, wiederholten zwei Flugzeuge die Provokationen vom 9. Januar und warfen wiederum über der Hauptstadt Material ab, wobei sie auf entsprechende Reaktionen der kubanischen Regierung hofften. Basulto erklärte im Kanal 51 von Miami und in der Univision, dass über Havanna 500 000 Flugblätter abgeworfen wurden und sagte: »Sie behaupten, ich wäre in den kubanischen Luftraum geflogen, etwas, das jeder weiß und ich nie abgestritten habe.«
- Wenige Wochen später, am 20. Februar 1996, drangen drei weitere Flugzeuge von »Brüder zur Rettung« in den kubanischen Luftraum nördlich von Bacunayagua in der Bucht von Matanzas und über Matanzas ein.

Am Abend des 23. Februar 1996 erhält der Sicherheitsberater von US-Präsident Clinton, Samuel Berger, eine dringende Nachricht des Präsidentenberaters Richard Nuccio. Darin wird u. a. informiert:

»Berichte der Polizei von Miami legen den Verdacht nahe, dass die kubanisch-amerikanische Gruppe ›Brüder zur Rettung‹ morgen eine weitere Serie von Verletzungen des kubanischen Luftraumes plant. Auf bisherige Überflüge von José Basulto haben die kubanischen Behörden zurückhaltend reagiert. Die Anspannung in Kuba ist jedoch hinlänglich

---

[42] Vgl. Miami Herald, 5. März 2001

hoch, um zu vermuten, dass sich die Kubaner dazu veranlasst sehen könnten, die Flugzeuge abzuschießen oder zur Landung zu zwingen.« Berger erklärte dem Fernsehsender CNN, er habe die Nachricht zwar am Abend erhalten, aber nicht mehr gelesen. Am 24. Februar 1996 verletzten drei Flugzeuge der »Brothers« den kubanischen Luftraum. Laut Miami Herald werden die Besatzungen der drei Flugzeuge mehrfach vom Flughafentower Havanna gewarnt und darüber informiert, dass die Verteidigungszone aktiviert ist und sie sofort abdrehen sollen. Doch sie ignorieren die wiederholten Warnungen und Basulto erklärt den kubanischen Fluglotsen, als »freier Kubaner« habe er ein »Recht«, sich in diesem Gebiet aufzuhalten.[43] Zwei der Flugzeuge wurden von kubanischen MIGs abgeschossen. Vier Männer starben. José Basulto, im dritten Flugzeug, hielt sich diskret hinter der Luftraumgrenze und entkam.[44]

In den 20 Monaten davor hatte es mindestens 25 Verletzungen des kubanischen Luftraums gegeben.

Luís Posada Carriles – CIA-Agent und bekennender Terrorist

Posada Carriles ist gemeinsam mit Orlando Bosch eine Symbol-Figur für die Politik des Terrors in Lateinamerika gegen fortschrittliche Bewegungen Der Präsident der Nationalversammlung Kubas sagte auf einem Internationalen Solidaritätstreffen am 2. Mai 2007 in Havanna: »Der beste Beweis für die Unschuld unserer fünf Landsleute, die unrechtmäßig in Gefängnissen der USA eingesperrt sind, ist Posada Carriles, dessen Freilassung in skandalöser Art gegen die eigenen,

---
[43] Vgl. Miami Herald, 1. März 2001
[44] zusammengestellt nach: Schäfer, Horst: *Im Fadenkreuz: Kuba*; Berlin, 2004, S. 253f.

vom Imperium selbst verkündeten Gebote seines vermeintlichen Kampfes gegen den Terrorismus verstößt.«

Posada wurde am 15. Februar 1928 in Cienfuegos geboren. Nach dem Sieg der Revolution auf Kuba suchte er Asyl in der Botschaft Argentiniens und verließ Kuba im Februar 1961. Sofort wurde er Chef eines Infiltrationsteams der CIA und an der Vorbereitung der Invasion in der Schweinebucht beteiligt. Er wurde von der CIA und auch von der US-Armee in Militärtechnik, Spionagepraktiken, Sabotage, dem Gebrauch von Sprengstoff und Waffen ausgebildet. 1967 schickte ihn die CIA nach Venezuela, wo er für die politische Polizei und später als Operationschef des Geheimdienstes des damaligen Präsidenten arbeitete. Hier war er für unzählige Verbrechen gegen progressive Kräfte Venezuelas verantwortlich und erlangte zweifelhaften Ruhm, so dass der damalige CIA-Chef, George Bush senior, dessen Arbeit als Vorbild für den berüchtigten Geheimdienst Pinochets anpries. Heute, unter der Präsidentschaft von Chávez, war es möglich, zahlreiche Verbrechen und politische Morde zu dokumentieren, die unter der Leitung von Posada begangen wurden.

1974 musste Posada Carriles wegen Schwierigkeiten mit dem neuen venezolanischen Präsidenten, Carlos Andrés Pérez, von seinem Amt zurücktreten. Er gründete mit Hilfe der CIA eine scheinbar private Detektivagentur, die in Südamerika im Zusammenwirken mit den Militärdiktaturen illegale, terroristische, paramilitärische Aktionen gegen fortschrittliche Kräfte durchführte. Das wohl berüchtigste Netzwerk war die so genannte Operation Condor. Sie wurde auf Initiative von Pinochet gebildet, von dessen Geheimdienstchef Contreras organisiert und im März 1976 mit dem Entstehen der argentinischen Militärdiktatur institutionalisiert und entwickelte sich zu einer Form extraterritorialen Terrors. Die Operation Condor schloss neben Argentinien und Chile auch die Militärdiktaturen in Brasilien, Bolivien Paraguay und Uruguay ein. Ziel von Condor war die gemeinsame Erfassung aller politischen Gegner der Militärdiktaturen und ihre physische Liquidierung, soweit sie in ihren Exilländern aufgespürt werden konnten. Die gemeinsame Datenbank der Regimes wurde mit technischer Unterstützung der CIA und des FBI aufgebaut und vielfach auch mit Daten der US-amerikanischen Geheimdienste und des Bundesnachrichtendienstes der BRD gefüttert.

Die CIA begann im Juni 1976 die kubanischen Terroristen in Lateinamerika neu zu organisieren und setzte Bosch und Posada Carriles als Führer ein. Hauptziel war »eine beeindruckende Aktion gegen das Castro-Regime«. George Bush senior war vom Januar 1976 bis Januar 1977 Chef der CIA. Am 6. Oktober 1976 fand das furchtbare Verbrechen gegen Kuba statt: Mitten im Flug explodierte das Zivilflugzeug der »Cubana de Aviacion«. 73 Menschen kamen dabei ums Leben. Am 13. Oktober wurden Posada und Bosch in Venezuela festgenommen und in Prozessen zunächst vor einem Militärgericht und dann in einem Zivilprozess angeklagt.

Posada konnte aber 1985 mit Unterstützung von Jorge Más Canosa, des damaligen Direktors der FNCA (Kubanisch-Amerikanische Nationalstiftung), seine Flucht aus Venezuela organisieren. Er ging nach El Salvador, wo er als Quartiermeister für die nikaraguanischen Contras fungierte und die Transporte von Waffen und Material im Rahmen des so genannten Iran-Contra-Skandals koordinierte, finanziert durch die CIA und geleitet vom Mitarbeiter des Nationalen Sicherheitsrates (NSC), Oberstleutnant Oliver North. Von hier aus organisierte er mehrere Bombenanschläge auf touristische Einrichtungen Kubas.

Posada wurde im Jahr 2000 in Panama verhaftet, da er gemeinsam mit Gaspar Jiménez, Guillermo Novo und Pedro Rémon erneut Vorbereitungen für einen Anschlag auf das

Leben von Fidel Castro getroffen hatte. Während des Iberoamerikanischen Gipfels in Panama sollte das Auditorium der Universität von Panama während einer Rede von Fidel Castro in die Luft gesprengt werden. Durch die Aufmerksamkeit des kubanischen Geheimdienstes gelang es, ihn und seine Komplizen dingfest zu machen. Am 26. August 2004 wurden alle vier von Mireya Moscoso, der scheidenden Präsidentin Panamas, begnadigt. Gaspar Jiménez, Guillermo Novo und Pedro Remón reisten unbehelligt in die USA ein, während sich die Spur Posadas zunächst verlor. Aber im März 2005 tauchte auch er in Miami auf und wurde erst Monate später verhaftet.

Laut Untersuchungen der mexikanischen Zeitschrift ¡Por Esto! hatte der Krabbenkutter »La Santrina« Posada Carriles am 14. März 2005 auf der Isla Mujeres abgeholt, um ihn heimlich nach Miami zu bringen. Am 31. März 2005 berichtet der »Miami Herald« zum ersten Mal von der Möglichkeit, Posada könne sich in der Stadt aufhalten. Aber erst nachdem dieser am 17. Mai in der Nähe von Hialeah eine Pressekonferenz abgehalten hatte, wurde er verhaftet und mit einem Hubschrauber der Homeland Security in ein Gefängnis nach El Paso in Texas gebracht. [Miami Herald 18. Mai 2005] Dort erzählte er den Einwanderungsbehörden, er wäre über Mexiko eingereist und in einem Greyhound-Bus nach Miami gereist.

FBI-Agent Thomas Rice schwor im Juni 2005 in einer Aussage unter Eid: »Das FBI ist nicht in der Lage auszuschließen, dass Posada eine Bedrohung für die innere Sicherheit der Vereinigten Staaten darstellt.« Trotzdem wurde Posada am 19. April 2007 gegen Kaution entlassen, obwohl Fluchtgefahr bestand.

Die US-Regierung behauptet, sein Dienst bei der CIA habe 1976 geendet. Aber am 30. April reichte er beim Bundesgericht einen Antrag ein, in dem er erklärte, er habe mehr als

25 Jahre für die CIA gearbeitet. Das ist eine weitere Bestätigung dafür, dass er auf der Gehaltsliste der CIA stand, als er den Terroranschlag auf das kubanische Passagierflugzeug organisierte. In seinem Antrag versichert Posada, er habe das Recht, Beweise seiner Arbeit für die CIA bei dem Verfahren wegen Meineids vorzulegen. Das Schreckgespenst, Posada könne die schmutzigen Taten aufdecken, die während der Zeit, als George H.W. Bush Direktor der CIA war, von der CIA begangen wurden, war für Washington nicht hinnehmbar. Am 8. Mai 2007 verwarf die Bezirksrichterin Kathleen Cardone alle Anklagen gegen Posada, und verwies dabei auf angebliche Formfehler.[45] Seitdem lebt auch Luís Posada Carriles als freier Mann in Miami und kann seine grausame Terrorbilanz erweitern.

Exilkubanische Terrororganisationen

Die terroristischen Angriffe gegen Kuba und seine Einrichtungen sind natürlich keine zufälligen Einzelaktionen von in den USA lebenden kubanischen Emigranten. Sie wurden sorgfältig geplant, koordiniert und mit entsprechenden finanziellen, materiellen sowie militärischen Mitteln ausgerüstet. Die Organisation des Terrors erfolgt durch zahlreiche, meist in Miami ansässige Organisationen revanchistischer kubanischer Emigranten. Dadurch potenziert sich die große Gefahr, die für das revolutionäre Kuba eine ständig vorhandene kriegerische Situation heraufbeschwört.

Zu den bekanntesten und aggressivsten Organisationen zählen folgende Gruppen:

---

[45] Prof. Marjori Cohn, *Fighting Terror Selectively: Washington and Posada*, Global Research, May 10, 2007
Deutsch unter: http://www.miami5.de/informationen/juristen-070510.html

Abdala (sh. auch Nationale Befreiungsfront Cuba, FLNC) ·
Gegründet Ende der 70er Jahre in New York als Studentenorganisation zum Kampf gegen Gruppen, die die kubanische Regierung unterstützen. Erster Leiter war Frank Calzon, Sonderagent der CIA. Abdala wurde zum legalen Arm und zur logistischen Basis der FLNC und war die erste Organisation des Exils, die Kampagnen für die Menschenrechte in Kuba durchführte. Löste sich in der zweiten Hälfte der 80er Jahre auf.

Alpha66 · Ihre Bildung erfolgte Ende 1961 in Puerto Rico durch ehemalige Offiziere der Batista-Armee.
Langjähriger Leiter war Andrés Nazario Sargén, der als Bauernführer in der Sierra Maestra an der Seite Fidel Castros kämpfte, dann aber mit Fidel Castro brach und die Seite wechselte.
Unterhält eine eigene Rundfunkstation in Florida.
Nach Einschätzung der CIA eine »Anti-Castro-Organisation« der harten Linie und »eine der am besten organisierten und aktivsten«.
Auf das Konto der Organisation kommen Bombendrohungen gegen kubanische Vertretungen in Mexiko, den USA, Ekuador, Brasilien und Puerto Rico.
Allein in den Jahren 1992/1993 organisierte Alpha66 die Einschleusung von sechs bewaffneten Gruppen nach Kuba.

Commando L · Liberator Commando Army · Armee der Befreier · Leiter: Tony Bryand, ein ehemaliger Black-Panther-Aktivist in den USA, der 1969 eine amerikanische Passagiermaschine nach Havanna entführte, aber entgegen seinen Erwartungen von den kubanischen Behörden inhaftiert und später an die US-Behörden übergeben wurde.

Früherer Leiter: Antonio de la Cuesta Valle; 1966 wegen Aktivitäten im Rahmen der CIA-Operation »Mongoose« in Kuba verhaftet, zu dreißig Jahren Haft verurteilt, nach 12 Jahren Entlassung nach Miami.

Commando L hat sich seit einiger Zeit auf Terrorakte gegen Touristenobjekte in Kuba spezialisiert.

Am 7.10.1992 wurde das Hotel »Melia Varadero« in Matanzas von einem bewaffneten Piratenboot des Commandos L beschossen. Das Hotel wurde beträchtlich beschädigt. Am 21.8.1996 kam der Nordamerikaner Walter Van Der Veer unter der Tarnung als Tourist nach Kuba, um terroristische Vorhaben zu realisieren. Er wurde verhaftet und abgeurteilt, nachdem er zugegeben hatte, den »Commandos L« anzugehören.

Comicion Nacional Cubana · Nationale Kubanische Kommission · Eine Terrororganisation bestehend aus kubanischen Emigranten aus New York, Jersey, und Puerto Rico. Einige von ihnen waren bereits in anderen Organisationen aktiv. Ihr Führer ist Ramon Saul Sanchez. Seit Juli 1995 nennt sich die Gruppe **Movimiento Democracia (Demokratische Bewegung)**.

Consejo por la Libertad de Cuba · Rat für die Freiheit Kubas · Eine am 9. Oktober 2001 gegründete Terrororganisation, die am 10. Oktober in einer Pressekonferenz der Öffentlichkeit vorgestellt wurde. Sie wird von einem Direktorat aus 35 Mitgliedern geleitet, das eine Exekutive bestimmt. Ihre Mitglieder sind alle als aktive Teilnehmer an verschiedenen terroristischen Unternehmungen bekannt.

Die politische Linie des Rates ist die Herbeiführung eines kriegerischen Konflikts und nicht eine Verhandlungslösung mit Kuba. Der Rat setzt auf die Entwicklung einer inneren Opposition in Kuba und konzentriert sich bei Notwendigkeit auf die Lobby-Arbeit im US-Kongress.

Diese Organisation spricht sich gegen jegliche einvernehmliche Regelungen mit Kuba aus und priorisiert die Ausschaltung von Präsident Fidel Castro und dessen Mitkämpfer auf beliebige Art, einschließlich durch Gewalt.

Seine Mitglieder haben enge Kontakte zu dem Konterrevolutionär Armando Perez Roura und der von ihm geleiteten Organisation »Kubanische Einheit«, die die gegen Kuba gerichteten Pläne und terroristischen Aktionen koordiniert.

Die bekanntesten Leiter dieser Organisation haben in den 90er Jahren an den Terroraktionen der »Kubanisch-Amerikanischen Nationalstiftung« teilgenommen, insbesondere Luis Zuniga, Alberto Hernandez und Horacio Garcia waren es, die verschiedene Unternehmen finanziell unterstützten und für ihre Abschirmung sorgten.

Aus den Verbindungen von Alberto Hernandez mit den in Panama verhafteten Luis Posada Carriles und Gaspar Jimenez wurde bekannt, dass der CLC die Ausarbeitung verschiedener Pläne für das Attentat auf den kubanischen Präsidenten während dessen Auslandsreisen, so auch zum X. Iberoamerikanischen Gipfeltreffen in Panama, zu verantworten hatte.

Feliciano Foyo trug zur Finanzierung Posada Carriles bei, als die Attentate gegen touristische Einrichtungen in Havanna im Jahre 1997 stattfanden. Er war auch in die Attentatspläne gegen Fidel Castro zum VII. Iberoamerikanischen Gipfeltreffen auf der Insel Margarita verwickelt.

Coordinacion de la Organizaciones Revolucionarias Unidas (CORU) · **Koordinator der Vereinten Revolutionären Organisationen** · In der zweiten Hälfte der 70er Jahre von den reaktionärsten Führern des Exils unter Leitung von Orlando Bosch in Costa Rica gegründet. Auf Initiative der CIA nahmen daran Vertreter anderer Organisationen teil, wie Brigade 2506, Kubanische Aktion, F-4, Front der Kubanischen Befreiung u. a. CORU führte in den ersten zehn Monaten ihrer Existenz mehr als fünfzig Anschläge gegen kubanische Einrichtungen im Ausland, insbesondere gegen diplomatische und Handelsvertretungen durch. Bosch und seine Mittäter waren u.a. verantwortlich für den Mord an dem früheren chilenischen Außenminister Orlando Letelier. CORU bekannte sich zur Sprengung des Flugzeuges der Cubana de Aviacion im Oktober 1976 über Barbados.

Die CORU ist faktisch eine Terrorvereinigung der faschistischen Gruppen kubanischen Ursprungs, die gegenwärtig existieren. Sie operiert schon nicht mehr nur in Lateinamerika, sondern auch in anderen Ländern.

Cuba Independiente y Democratica (CID) · Gegründet von Hubert Matos Benitez, ehemals Chef der Rebellenarmee in der Provinz Camagüey, mit 200 000 Dollar der US-Regierung.

Ejercito Armado Secreto (EAS) · Bewaffnete Geheimarmee

Federacion Sindical de Plantas Electricas, Gas y Agua de Cuba en el exilio (FSPEGA) · **Gewerkschaftsföderation der Unternehmen für Strom, Gas und Wasser Kubas im Exil** · Eine Terrororganisation, die Ende der 90er Jahre von Rene L. Diaz gegründet wurde. Einer der aktivsten Führer ist Calixto Campos Corona.

Obwohl sich diese Organisation den Anschein einer Gewerkschaft gibt, ist sie trotzdem in Terrorpläne, besonders zur Vernichtung von Fidel Castro, und in Sabotageakte gegen kubanische Wirtschaftsobjekte verwickelt. In dieser Tätigkeit hatte sie immer die Unterstützung der FNCA.

Fundacion Nacional Cubano Americana (FNCA) · **Cuban-American National Foundation (CANF)** · **Cubanisch-amerikanische Nationalstiftung** · Die FNCA gilt als die mächtigste der politischen Exilorganisationen mit genauer Kenntnis der Mechanismen des politischen Systems der USA; ihr Präsident ist Francisco José Hernández;

Die Fundacion wurde im September 1981 auf Grundlage einer Direktive des Nationalen Sicherheitsrates der USA (NSC) im Rahmen des »Project Democracy« der Reagan Administration als Teil der illegalen Aktionen dieses Projektes gegründet. Entscheidender Initiator war der damalige CIA-Direktor William Casey. Der NSC wollte eine Organisation schaffen, die den Eindruck erwecken sollte, dass die Kubaemigration »mit einer Stimme« spreche.

Mit dem Aufbau der Strukturen wurde Jorge Más Canosa beauftragt, ein CIA-Agent und Söldner während der Invasion in der Schweinebucht (inzwischen verstorben). Más Canosa wurde von US-Präsident Ronald Reagan auch zum Vorsitzenden des Beratungsausschusses von Radio Martí ernannt. Später übernahm Francisco »Pepe« Hernandez die Leitung der FNCA.

In einem vertraulichen Memorandum an die Mitglieder des Board of Directors der FNCA von 1990 werden u. a. folgende Aufgaben gestellt:

»... eine Task Force formieren, die die Kontakte mit dem National Security Council (NSC), der Central Intelligence Agency (CIA) und dem Federal Bureau of Investigation (FBI) systematisch ordnet. Dies soll mehr als je zuvor die Identifizierung der Politik mit Aktionen garantieren, die gegen die stalinistische Regierung Kubas entwickelt werden, ferner einen besseren Austausch an nachrichtendienstlichen Informationen und finanzielle Unterstützung, die nötig ist, um diese Pläne in die Tat umzusetzen. ... Wir schrecken vor nichts und niemandem zurück. *Wir wünschen es nicht, aber wenn Blut fließen muss, dann soll es fließen* (im Original hervorgehoben).«[46]

FNCA bedient als eine der einflussreichsten exilkubanischen Terrororganisationen die gesamte Palette der subversiven Angriffe gegen Kuba: Sabotage- und Terrorakte, Propaganda-Aktionen international und im Inneren der Republik Kuba, wirtschaftliche Störaktionen und nicht zuletzt eine intensive Lobbyarbeit im Kongress und der US-amerikanischen Öffentlichkeit. Dieser Lobbyarbeit ist auch die Entscheidung des US-Kongresses von 1985 über den Aufbau und die Finanzierung des Rundfunk- und Fernsehsenders José Martí geschuldet. In den 90er Jahren forcierte die FNCA die Entscheidungen des Kongresses über die Torricelli- und Helms-Burton-Gesetze zur Verschärfung der wirtschaftlichen Blockade gegen Kuba.

Die führenden Köpfe der FNCA waren eng mit dem Batista-Regime liiert. Sie sind bestrebt, sich als Freunde des kubanischen Volkes darzustellen und streben in Wirklichkeit eine Vereinigung mit den Vereinigten Staaten an. Nach dem Tode

---

[46] zitiert in: *Originalton Miami – Die USA, Kuba und die Menschenrechte*, Köln 2001, S. 99

von Jorge Más Canosa übernahm dessen Sohn, Jorge Más Santos, im Juli 2001 auf dem Jahreskongress in Puerto Rico den Vorsitz.

Frente de Liberacion Nacional de Cuba (FLNC) · **Nationale Cubanische Befreiungsfront** · In den 70er Jahren von Ex-Agenten der CIA, Angehörigen der Brigade 2506 (Invasion in der Schweinebucht) und leitenden Funktionären der Gruppe Abdala gegründet.

Hermanos al Rescate · **Brothers to the Rescue** · **Brüder zur Rettung** · Ausführliche Darstellung Seite 72ff.

JGCE · **Kubanische Regierungsjunta im Exil** · Leiter: Homer S. Echevarria (und der Chicagoer Rechtsanwalt Paulino Sierra Martinez); Ecchevarria wurde mit dem Kennedy-Mord in Verbindung gebracht. Die Gruppe MIRR von Orlando Bosch gehört der JGCE an.

Kommandos F-4 · F-4 ist eine so genannte Kommandotruppe zur Einschleusung mit dem Ziel, die kubanischen Küstenregionen zu durchsetzen. Sie entstand in Miami, nachdem sich die wichtigsten Köpfe von Alpha 66 getrennt hatten. Sie ist gegenwärtig in den USA eine der aggressivsten antikubanischen terroristischen Gruppen. Ihre wichtigsten Figuren sind Rodriguez Caballero, Ramon Leocadio Bonachea, Jose Ros und Ihosvani Suris.

Die Organisation hat besonders im Jahre 1994 ihre Mitgliederzahl durch Gewinnung von in die USA emigrierten kubanischen Jugendlichen mit Hilfe einer von Frometa Caballero organisierten aufwändigen Werbekampagne erhöhen können.

Movimiento Democracia · Bewegung Demokratie · Hat die »Kubanische Nationalkommission« abgelöst, obwohl deren wichtigste Führungsfigur, Ramon Saul Sanchez Rizo, geblieben ist. Ihre Hauptfunktion ist die Sammlung von finanziellen Mitteln. Nach den Worten der führenden Personen soll sie angeblich eine unabhängige Bewegung sein, ohne politische Plattform. Sie hat jedoch mit Hilfe von diversen Booten vor den kubanischen Küsten für Zwischenfälle gesorgt. Sie wirbt mit neuen Methoden in Florida für die Unterstützung des antikubanischen Kampfes und hat dafür ein Sprachrohr für Rundfunksendungen nach Kuba geschaffen: »Radio Demokratie«.

Movimiento Insurreccional Martiano (MIM) · Gegründet 1974 durch Hector Alfonso Ruiz (auch: Hector Fabian)
Leiter u.a. Luis Crespo; unterhält in Florida eine eigene Sendestation

Movimento Insurreccional de Recuperacion Revolutionaria (MIRR) · Terrorgruppe, gegründet von Orlando Bosch

Omega 7 · Die so genannte »**Nationalistische Kubanische Bewegung Omega 7**« entstand im Jahre 1963 unter Führung von Armando Santana, Eduardo Arosena, den Brüdern Guillermo und Ignacio Novo Sampoll. Vertreter des FBI schätzen Omega 7 als wichtigste und aggressivste terroristische Gruppe der Epoche ein, sie ist auch in den USA selbst aktiv.

Zwischen 1963 und 1981 führte diese Organisation über 60 Terrorakte gegen kubanische Einrichtungen, Handelsvertretungen und andere mit Kuba verbundene Institutionen durch.

Terroristen von Omega7 und der CORU töteten 1976 in Zusammenarbeit mit der chilenischen DINA den früheren chilenischen Außenminister Orlando Letelier und dessen Sekretärin in Washington, 1979 den kubanisch-amerikanischen Journalisten Carlos Muniz Varela und den kubanischen UN-Funktionär Felipe Rodriguez.

1979 war Omega 7 verantwortlich für die Ermordung von zwei Exilkubanern in Miami, die ein normalisiertes Verhältnis zu Kuba anstrebten, und im September 1980 für einen Mordversuch an kubanischen Diplomaten in New York.

Omega 7 ist auch verantwortlich für biologische Terrorakte in Kuba.

Organisaciones de ex presos · Organisationen der ehemaligen Häftlinge · Die erste dieser Organisationen bildete sich im Jahre 1979 in Miami unter der Bezeichnung »Assoziation der Ehemaligen Politischen Häftlinge im Exil«.

Ab 1981 nannte sie sich »Weltföderation der Ehemaligen Politischen Kubanischen Häftlinge«, die aus selbstständig handelnden Gruppen bestand.

Später zerfielen diese Gruppen und Ende der 90er Jahre wurde die Organisation mit Namen »Blockade des politischen kubanischen Gefängnisses« gebildet. Diese neue Organisation setzte sich aus einer Reihe ähnlicher Gruppierungen zusammen, die im Jahre 2000 die »Föderation der ehemaligen politischen Häftlinge« aus dem Block ausgeschlossen haben.

Obwohl diese Organisationen mit dem Ziel gegründet wurden, Überzeugungsarbeit zu leisten, Diffamierungskampagnen gegen die kubanische Revolution durchzuführen und das kubanische Regime der Haft zu diskreditieren, gingen sie später dazu über, ihre Kampfstrategie zu ändern und sich an Attentatsplänen gegen den kubanischen Präsidenten zu beteiligen und selbst terroristische und paramilitärische Akte gegen Kuba zu organisieren. Sie waren bestrebt, Landsleute zu gewinnen, die bereit waren ins Ausland zu reisen und dort gegen wirtschaftliche und soziale Einrichtungen Kubas vorzugehen. In ihren Aktionen wurden sie aktiv unterstützt von der FNCA und anderen Terroristen kubanischen Ursprungs, wie Luis Posada Carilles.

In den letzten Jahren haben einige Mitglieder dieser Gruppen an den jährlichen Sitzungen der Menschenrechtskommission in Genf teilgenommen, wo sie sich als Zeugen gegen das kubanische Strafsystem anboten.

Partido del Pueblo · Partei des Volkes · Diese Terrororganisation entstand 1989 in Kuba und seit Januar 1990 konnten organisatorische Strukturen festgestellt werden. Ihr Gründer und wichtigster Vertreter ist der Terrorist Nelsy Ignacio Castro Matos, der durch seine engen Beziehungen zu Luís Posada Carriles bei der Planung von Attentaten gegen den Präsidenten Kubas und bei der Gründung von Zellen auf Kuba zur Durchführung von Sabotageakten gegen ökonomische und soziale Einrichtungen hinreichend charakterisiert ist.

Diese Organisation arbeitet in zwei Richtungen: eine mit militärischen Vorbereitungen eines Aufstandes und die andere politisch-propagandistisch. Die zweite Variante dominiert. Die Partei des Volkes hat einige Vertreter in lateinamerikanischen Ländern und in verschiedenen Städten Nordamerikas, die als Fassade benutzt werden, um die wahren Ziele ihres Gründers zu verschleiern.

Partido Unidad Nacional Democratica (PUND) · **Partei National Demokratische Einheit** · Sie wird als eine der aggressivsten Gruppen während ihrer gesamten Tätigkeit in der ersten Hälfte der 90er Jahre eingeschätzt. Sie entstand am 10. Oktober 1989 und zerfiel im Jahre 1997 infolge von Differenzen zwischen ihren wichtigsten Mitgliedern. Ihr wichtigster Führer war Sergio Francisco Gonzalez Rosquoto.

Zu Beginn ihrer Tätigkeit führte sie die ersten terroristischen und paramilitärischen Aktivitäten gemeinsam mit dem **Nationalen Befreiungsheer** des bekannten Terroristen Higinio Diaz durch. Anfang 1997 entschieden beide Organisationen, sich wegen interner Differenzen zu trennen.

Die PUND wurde als eine Organisation mit großem ökonomischem Potenzial eingeschätzt, was seinen Ursprung in den Verbindungen einiger ihrer Führer mit dem Drogenhandel hat.

Dies ist nach Meinung Kubas eine der wichtigsten Besonderheiten, da viele Mitglieder der PUND ihre terroristische Tätigkeit mit enger Verbindung mit dem Drogenhandel durchführten, was auch Gegenstand von Untersuchungen der nordamerikanischen Agentur zur Bekämpfung des Drogenhandels (DEA) war, aber bis auf wenige Ausnahmen nicht gerichtlich verfolgt wurde.

Plataforma Democraticia Cubana · **Demokratische Cubanische Plattform** · Bei gleicher Zielsetzung wie die anderer exilkubanischen Terrororganisationen nutzt die Plattform eine mehr an dem »Geist der Entspannung« orientierte Sprache, also mehr die »weiche Option« für den Kampf zum Sturz der kubanischen Revolution. Das zielt insbesondere auf europäische Partner, deshalb wird die Plattform auch vertreten durch Carlos Alberto Montaner, wohnhaft in Spanien. Sie wurde im August 1990 in Madrid gegründet.

Ihre Führungsspitze rekrutiert sich vorwiegend aus CIA-Kadern.

Representacion Cubana en el Exilio (RECE) · Cubanische Vertretung im Exil · Organisiert und finanziert von der CIA sowie dem Unternehmen Bacardi.
RECE forderte als erste Gruppe nach der Invasion in der Schweinebucht eine neue Invasion auf Kuba und sammelte dafür einige Millionen US-Dollar. Ihre Führer sind die bekannten Terroristen Jorge Más Canosa und Jose *Pepe* Hernandez.

Union Liberal Cubana (ULC) · Von Carlos Alberto Montaner 1990 zu einer Partei erklärt, obwohl sie keine hundert Mitglieder aufweisen kann. Sie erreichte die Anerkennung durch die Internationale der Liberalen Parteien. Die ULC ist Teil der **Plataforma Democratica Cubana**.

Hinter diesen und weiteren Organisationen stehen beträchtliche Unternehmerkreise, die ihre Positionen, die sie vor dem Sieg der Revolution in der Wirtschaft und der Politik Kubas hatten, zurückerobern wollen, wie z. B. die allseits bekannte Familie Bacardi.

Diese Terrorgruppen, zum Teil als politische Parteien, als Gewerkschaften, als Organisationen politisch Verfolgter getarnt, haben im Prinzip alle das gleiche Ziel: mit allen Mitteln die kubanische Regierung zu stürzen und die sozialistische Entwicklung rückgängig zu machen. Es besteht auch nicht eine Gruppe, die politische Gespräche in ihr Kalkül zieht. Sie setzen alle auf terroristische Aktionen: Propagandaoffensive über eigene Rundfunk- und Fernsehstationen gegen Kuba, militärisches Training auf speziellen Camps in den Everglades, terroristische Anschläge gegen kubanische Fischer, gegen Küstenanlagen, gegen wirtschaftliche, soziale und touristische Einrichtungen Kubas, gegen diplomatische Vertretungen, provokatorisches Überfliegen des kubanischen Territoriums und Abwurf von Flugblättern und anderem Propagandamaterial, Einschleusen von Banditen nach Kuba mit verschiedenen Aufträgen, Durchführung von Sabotageakten, Etablierung von Brückenköpfen, Schaffung von Unruhe unter der Bevölkerung, Schaffung bzw. Unterstützung von so genannten Dissidentengruppen, Vorbereitung von Landemöglichkeiten und entsprechendes Ausspionieren Kubas, kriminelle Handlungen bis hin zu Morden und anderen Gewaltakten, Manipulation mit Drogenhandel und Vieles mehr. Ihr Handlungsraum beschränkt sich nicht nur auf Kuba und Umgebung, sondern berührt auch karibische und andere Länder. Sie versuchten auch, in internationalen Organisationen, wie in der Menschenrechtskommission in Genf oder in anderen, ihren politischen Zielen gleich gelagerten Gruppen, aktiv zu arbeiten. Bei aller Vielfalt der Ziele und Aktivitäten der Organisationen existiert neben der Vernichtung des revolutionären Regimes auf Kuba bei Allen ein gemeinsames Ziel: die physische Liquidierung des Präsidenten der Republik Kuba.

In den Terrororganisationen sind nicht selten antikubanische Elemente anderer Nationalität, besonders nordamerikanischer, aktiv tätig. Es gibt vielfältige Verbindungen zu US-Politikern, Abgeordneten und örtlichen Verwaltungen.

Die gefährliche Aktivität der reaktionären kubanischen Terrororganisationen ist, wie nicht anders zu erwarten, ein Teil der offiziellen Politik der US-Regierungen gegenüber Kuba. Die Terroristen werden geschützt und auch in ihrer Tätigkeit unterstützt. Natürlich ist für eine solche Aufgabe der Geheimdienst CIA das geeignetste Instrument. Sie war selbst maßgeblich an dem Plan zur Schaffung einer Dachorganisation »Koordinator der Vereinten Revolutionären Organisationen (CORU)« beteiligt, die von dem bekannten Terrorist Orlando Bosch in Costa Rica gegründet wurde. Viele der kubanischen Terroristen erhielten in CIA-Camps eine Ausbildung und standen auch auf ihrer Gehaltsliste. Ein eindeutiges Beispiel dafür ist der Kriminelle Posada Carilles, der seit Beginn der 60er Jahre im Dienst der CIA stand (vgl. Seite 75ff).

Die Grundlagen der kubafeindlichen Politik der US-Regierungen sind bekannt. Dafür gibt es historische Wurzeln und in den 90er Jahren wurden entsprechende gesetzliche Grundlagen geschaffen. Der extremste Ausdruck einer solchen völkerrechtswidrigen Politik ist das auf Initiative des Abgeordneten Dan Burton und des Senators Jesse Helms im Jahre 1996 angenommene Gesetz, das die Grundlage aller weiteren offiziellen USA-Maßnahmen zum Sturz der Castro-Regierung und zur Errichtung eines kapitalistischen Regimes auf Kuba ist. Auf dieser Grundlage basieren die extremen Verschärfungen der antikubanischen Politik besonders im Jahre 2003 und danach. Die Bush-Administration hat in ihrem ambivalenten Antiterror-Kampf dieses ungewöhnliche Gesetzeswerk zur Grundlage der Ausführungsbestimmungen (2004 und 2006) für einen »Wandel« auf Kuba genommen.

Bibliographie

ANTI-IMPERIALISTISCHES FORUM DEUTSCHLAND (HRSG.):
Cuba. Schriftenreihe des AIF, Heft 5, 1998.

»BASTA YA!« – SOLIDARITÄTSKOMITEE FÜR DIE BEFREIUNG DER FÜNF KUBANISCHEN PATRIOTEN (HRSG.): *Mit Würde, Mut und Stolz. Die Erklärungen der fünf widerrechtlich verurteilten kubanischen Patrioten zu den gegen sie erhobenen Anklagen vor dem USA-Bundesgericht in Miami.* Berlin, Januar 2003 in Zusammenarbeit mit dem Spotless-Verlag, Berlin.

CASTRO RUZ, FIDEL: *Cuba: Against Terrorism and Against War. Speeches on September 11;22;29 and October 6, 2001.* Havanna: Editora Politica, 2001.

GANSER, DANIELE: *Die Kubakrise – UNO ohne Chance. Verdeckte Kriegsführung und das Scheitern der Weltgemeinschaft 1959-1962.* Berlin: Kai Homilius Verlag, 2007 (Edition Zeitgeschichte Band 31).

FAUSTEN, RENATE UND ULLRICH: *Helden der freien Welt – Dissidenten in Kuba.* Köln: PapyRossa-Verlag, 2007.

HUHN, KLAUS: *Der Vierzigjährige U.S.-Feldzug gegen Kuba.* Berlin: Spotless Verlag, 2002.

LAMRANI, SALIM (HRSG.): *Superpower Principles. U.S. Terrorism Against Cuba.* Monroe/Maine: Common Courage Press, 2005.

LANGER, HEINZ: *Kuba – Die lebendige Revolution. Zur Entwicklung Kubas in jüngster Zeit.* Böklund: Verlag Wiljo Heinen, 2007.

OSPINA, HERNANDO CALVO/DECLERQ, KATLIJN: *Originalton Miami. Die USA, Kuba und die Menschenrechte.* Köln: PapyRossa-Verlag, 2001.

Pressekonferenz des Außenministers der Republik Kuba Felipe Perez Roque am 9. April 2003: Wir sind nicht bereit, auf unsere Souveränität zu verzichten. Havanna: Editora Politica, 2003.

RICARDO, ROGER: *Guantanamo – The Bay of Discord. The Story of the US military base in Cuba.* Melbourne: Ocean Press, 1994.

RIDENOUR, RON: *Backfire. Der größte Flop der CIA.* Original: Havanna: Verlag José Marti, 1991. Deutsche Ausgabe: Hamburg: schriftbild, 1994

SCHÄFER, HORST: *Im Fadenkreuz: Kuba.* Berlin: Kai Homilius Verlag, 2004 (Edition Zeitgeschichte Band 18)

Washington on Trial. The People of Cuba vs. The Government of the United States of America. Melbourne: Ocean Press, 1999

Internetadressen

www.miami5.de
www.freethefive.org
www.antiterrorista.cu
www.cuba-si.de

KUBA - Die lebendige Revolution

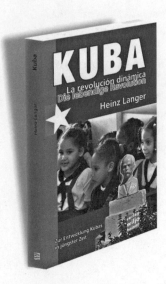

HEINZ LANGER, ehemaliger Botschafter der DDR in Kuba, Co-Autor von »Die USA und der Terror«, hat in seinem faktenreichen Buch zusammengetragen, woraus die kubanische Revolution ihre Kraft schöpft und wie sie lebendig blieb. Er berichtet über aktuelle Entwicklungen, die Hoffnung machen.

»... ausgerechnet jetzt, da die Wirtschaftsentwicklung in Kuba einen deutlich höheren Rhythmus als in der kapitalistischen Welt zeigt, versuchen Gesellschaftswissenschaftler der vermeintlich linken Szenerie, theoretisch den Beweis anzutreten, dass auch in Kuba der Sozialismus objektiv an seine Grenzen gestoßen sei.« (Aus dem Vorwort)

Arnold Schölzel schrieb in der jungen Welt: »Der Autor beschönigt nicht die Härte der Auseinandersetzung, die Kuba auch in Zukunft zu bestehen hat. Sein Buch liefert aber vor allem Argumente, daß das Land sie mit Erfolg meistern kann.«

Heinz Langer
KUBA - Die lebendige Revolution
272 Seiten, 12,- Euro
ISBN 978-3-939828-06-8

(Endkunden bestellen Bücher in unserem Internet-Laden portofrei.)